Kessel
Ofen
Feuer

Danke
Schwester Erde, mich geduldig nährend
Schwester Wasser, mich fließend verwandelnd
Schwester Feuer, mich leuchtend wärmend
Schwester Luft, mich bewegend verbindend
Göttin Raum, in dir kann ich feiern.

Copyright © by Arun-Verlag 2005, 2. Auflage 2012!
Arun-Verlag, Engerda 28, 07407 Uhlstädt-Kirchhasel
Tel. 036743-2330, Fax: 036743-23317
Email: info@arun-verlag.de; Homepage: www.arun-verlag.de
Text und Gedichte: Ulla Janascheck
Rezepte: Ulla Janascheck und Morag MacAuley
Titelbild und Illustrationen: Markus Reinheimer
Layout: Kerstin Papert
Gesamtherstellung: Jelgavas Tipografija, Jelgava, Lettland

ISBN 978-3-86663-072-7

Inhalt

Vorwort

Wir danken der Erde, den Wiesen und Wäldern, den Gärten, Pflanzen und Tieren dafür, dass sie uns ernähren. Danke an die Bauern, an die Jäger und an die Kräuterkundigen. Die Jahreskreisfeste sind u.a. Dankesfeiern für diesen selbstlosen Dienst. Irdische Nahrung speist Körper, Seele und Geist. Als Opfergabe dargebracht speist sie auch die Große Göttin in ihrem stetigen Wandel von Werden und Vergehen. Die acht Jahreskreisfeste transportieren wohl die älteste Form des Mutterwissens, und die damit verbundenen Gesetze. Deren Unzerstörbarkeit zeigt sich darin, dass es die Feste bis heute gibt. Feiern wir die Jahreskreisfeste im Bewusstsein der ewigen Verwandlung des Weiblichen, verbinden wir uns mit der Wurzelkraft, aus der alle religiösen Verästelungen im Laufe der Zeitgeschichte erwuchsen. Religio bedeutet Rückbindung an die Quelle, den Ursprung. Durch das wachsende Bewusstsein um die Bedeutung des zyklischen Zeitgeschehens binden wir uns in das große Ganze ein, indem wir beginnen, alle Aspekte von Hell nach Dunkel nach wieder Hell zu leben, ohne einen Zwischenzustand auszulassen.

Der alte Mutterkalender mit seinen Feierlichkeiten ist weit mehr als bloße Zeitbestimmung. Er birgt das Wissen um Leben, Übergänge und Tod und das Vertrauen in eine Ordnung, die rhythmischem, spiralförmigem Wandel unterworfen ist.

Der bäuerliche Jahreskreis ist bestimmt durch Saat-, Wachstums-, Ernte- und Ruhezeiten und stand ursprünglich auch in Verbindung mit den Vermehrungszyklen der Weidetiere. Im Frühjahr wurden die Tiere, die man den Winter über behalten hatte, geschont und nur in Ausnahmefällen geschlachtet. Im Mai kam das Vieh auf die Weide, wo es den Sommer über blieb. Für die großen Feste im Sommer wurden nur einzelne Tiere geopfert, die eigentliche Fleischzeit begann erst im November.

Wir haben die Zutaten der Rezepte möglichst auf die Jahreszeiten abgestimmt. Die vielen Wildgerichte rühren aus dem traditionellen Zusammenhang zwischen Tiergeist, Instinkt und Göttin. Schon immer wurde ihr an einem ihrer Feste ein wildes Tier geopfert.

Jäger leben meist sehr den natürlichen Rhythmen der Jahreszeiten angepasst. Es gibt Schonzeiten und Ausdünnungszeiten. Normalerweise sorgen sie dafür, dass das natürliche Gleichgewicht erhalten bleibt. Selten wird ein Wild geschossen, ohne dass dies durch ein Ritual begleitet wird. Töten ist dann eine saubere Angelegenheit, wenn es mit Achtung und Respekt gegenüber dem Opfertier einhergeht. Ein Jäger nutzt alle Teile des Tieres oder gibt sie an entsprechende Stellen weiter. Nichts wird weggeworfen. Wild ist darüber hinaus wesentlich gesünder und schmackhafter als Zuchtfleisch. Es kommt aus dem Wald und verträgt sich prinzipiell mit allen wild wachsenden Zutaten. Es nährt die Göttin in ihren vielfältigen Aspekten und uns gleichermaßen. Viel Spaß beim Kochen und guten Appetit!

Kochen, Braten, Backen in den Wandlungsgefäßen

DER KESSEL DER WIEDERGEBURT

Im Zentrum alter ritueller Stätten befand sich bei den verschiedenen Kulturen der Vorzeit ein dreibeiniger Kessel. Das weibliche Gefäß des Mutterbauches ruhte auf der Dreiheit von Geburt, Leben und Tod, wobei diese nicht selten durch den gebärenden Raum tragende mächtige Tiere, wie Löwen, Schlangen, Drachen, Menschen oder Vögel symbolisiert wurde.

Im alten dreibeinigen Kessel der Wiedergeburt und Wandlung wurde so manches umgekocht und damit seiner Ganzheit und Vollständigkeit zugeführt. Man kochte im Kessel der Menschwerdung, dem magischen Kessel, durch den das Ritual lebendig wurde. Der ursprüngliche Wandlungskessel ist mit dem Opfergefäß der alten Priesterinnen identisch. Zunächst befand sich darin Blut. Als Trägersubstanz der Seele wurde dieses getrunken, um der Initiation zur Geburt zu verhelfen und ein spirituelles Ziel zu erreichen. Mit Blut gefüllt ist der Kessel Wandlungsgefäß der Unterwelt, von dem das Leben, die Fruchtbarkeit und das Licht abhängen. Der »mächtige brüllende Kessel« der Skandinavier galt als Quelle des lebensspendenden Wassers bei der Erschaffung der Welt. In ihn kehrten die Verstorbenen bei ihrer Seelenreise zurück, um von dort aus in veränderter Gestalt wieder geboren zu werden.

Später in der Zeitgeschichte wurden auch geistige Opfergaben in Form von magischen Getränken im Zauber-Opfer-Kessel gebraut und ebensolche Speisen mit Hilfe von besonderen Kräutern gekocht. Jetzt verkörpert er auch das nahrungsspendende und heilende Prinzip des mütterlichen Bauches, das eine kultisch-magische Wirklichkeit beherbergt. In ihr enthüllen sich die Instinktmysterien des Weiblichen. Eine irische Geschichte berichtet von der Göttin Cerridwan, die aus den überlieferten Rezepten der Feen ein Gebräu zubereitet, das große Intelligenz verspricht. Sie setzte einen Weisheitssud an, der über Jahr und Tag vor sich hin köchelte. Je nach Jahreszeit erntete sie magische Kräuter und fügte sie Monat für Monat hinzu. Als die Zaubersuppe fertig war, fielen drei Tropfen auf den Finger des Jungen, den sie während des Jahres zum stetigen Umrühren angehalten hatte. Als der sich daraufhin den Finger abschleckte, erlangte er Einsicht in die Natur der Dinge und in Vergangenheit, Gegenwart und Zukunft. Der Preis war, dass er danach wieder von Cerridwen verschlungen werden sollte. In der Geschichte probiert er allerdings allerlei Fluchtmöglichkeiten aus.

Im weiblichen Kesselgefäß kehrt der sich wandelnde Inhalt zurück in den Mutterschoß, stirbt, geht ganz auf im mütterlichen Schoß der Nacht, um dann verändert wieder neu zusammengesetzt zu werden. Aus diesem Verständnis heraus ergeben sich Rituale, in denen z. B. Schamanen während ihrer Initiation »umgekocht« werden. Diese haben nach ihrer Vollendung eine Reihe halluzinatorischer Erfahrungen vorzuweisen. Zerstückelt werden sie gegart, um verwandelt in neuer Zusammensetzung wieder aufzutauchen. Die alte Persönlichkeit muss sterben, damit die neue magische geboren werden kann. Ein solcher Prozess der Umwandlung kann bis zu drei Jahre dauern.

So kommt dem Kessel auch die Bedeutung des Zaubers und der Inspiration zu. Der Inhalt des Kessels kann also bewirken, dass Auflösung und Tod zur ekstatischen Steigerung und zur Geburt führt. Dem Neugeborenen werden magische Worte (Zaubersprüche) und Gesang (Zauberlieder) verliehen. Diese kraftvollen Klänge sind spontan geboren und gehen aus der tiefen Verbindung oder Trance hervor. Durch sie drücken die Eingeweihten ihre gefundene Weisheit aus.

In fast allen Mythologien gibt es einen solchen wundertätigen Kessel. Er befindet sich als irdisches Abbild himmlischen Geschehens im Zentrum des Heiligtums und begleitet alle Rituale. Er besitzt Heilkräfte, beinhaltet magisches Wissen, dient der Veränderung und verleiht Zauberkräfte. In manch einem Märchen wird der Held durch das Kochen verjüngt und schön. Manche Prinzessin muss erst einen Zaubertrank aus dem Kessel zu sich nehmen, um den nächsten Schritt tun zu können. Aber auch verlorene Kräfte kann die von einer kundigen Hexe zubereitete magische Speise zurück bringen.

OPFERKESSEL UND AHNINNEN DES KOCHTOPFES

Zur chinesischen Shang-Periode (1550-1050 v. Chr.) wurden große dreibeinige Opfergefäße (der größte bekannte »ting« wiegt ca. 700 kg und ist 1,73 m hoch) gebaut, in denen die Fleischspeisen zur Opfergabe gekocht wurden. Sie schmückten das Zentrum der Tempel. Später bekommen diese Kessel vier Beine. Bei manchen ist unterhalb des Kesselbauches ein runder Grill angebracht, auf dem brennende Kohlen liegen können, um die Speise zu erwärmen. Er galt als »Uterus« des Bauchgefäßes. Seit dem achten Jahrhundert v. Chr. gibt es auch »li« Gefäße, an denen mit Drachen oder Dämonenmasken geschmückte Ofentüren angebracht sind, um die Hitze des Feuers besser bewahren zu können. Indem der Uterus nun den Bauch kontrolliert erwärmen kann, sind die Zeichen für einen funktionierenden Herd gesetzt. Ab dem sechsten Jahrhundert v. Chr. besitzt der Kessel einen Deckel. Daneben gab es auch noch das Gefäß »hsien«, dass zum Dämpfen der Speisen diente. Diese drei Gefäßtypen sind die »Ahninnen« unserer heutigen Kochgefäße, denn die europäische Entwicklung der Bauchgefäße verlief ähnlich.

Bis vor nicht allzu langer Zeit befand sich die Feuerstelle inmitten des häuslichen Bereichs. Die Angehörigen versammelten sich um das Zentrum, und der dreibeinige Kessel hing an einer Eisenkette über dem Feuer oder stand auf den Kohlen. Erst mit der Erfindung der »modernen« Küche geraten die zentrale Stellung des Kessels und seine Bedeutung in Vergessenheit.

Allerdings gibt es in Indien bis heute noch den Brauch, an einem besonderen Tag im Jahr, die Küchenutensilien, Töpfe, Pfannen usw. zu feiern. An diesem Tag haben sie frei. Es wird ihnen zu Ehren nicht gekocht.

DER OFEN IST DIE MUTTER

Unsere Ahninnen machten sich Gedanken, wie sich das Feuer kontrollieren und bewahren ließ. Der Dienst am Feuer galt als einer der höchsten. Sie bauten die ersten Öfen oder Herde. Diese standen in den alten Rundhäusern an zentraler Stelle. Sie erwärmten das Haus und auf und in ihnen wurden die Opfergaben, die Nahrung, zubereitet. Sie verkörperten die Weltmitte, aber auch das innere Zuhause des Menschen. Altar und Herd waren gleichbedeutend für unsere Vorfahrinnen. Alle Gebete und Opferungen begannen und endeten auch dort. Die Hüterinnen dieses Zentrums waren auch Hüterinnen der Gemeinschaft, der Gesellschaft und der Zivilisation. Inmitten des Herdfeuers saß bei den Griechen »Hestia« und empfing dort den reichsten Teil der ihr dargebrachten Opfer. Hestia (griechisch Herd) ist laut Mythologie der matriarchale Göttinnenaspekt, der das heilige, reine, unantastbare Zentrum eines Menschen verkörpert.

Im Ofen, dem Uterus der großen Mutter, ließ es sich braten, rösten und backen, fanden wichtige Umwandlungsprozesse statt. So wie der Herd die Nahrung verwandeln konnte, wandelte das Feuer der weiblichen Göttinnenkraft im alchemistischen Prozess auch den Menschen um. Geformte Symbole wurden zu Gebildkuchen und -brot und unterstützten diesen Prozess. Gebackenes galt als heilige Nahrung und geeignete Opfergabe. Der Ofen hatte des Weiteren prophetische Gaben: Er konnte befragt werden und das Schicksal verkünden. Aus ihm wurden Orakel gelesen und Prophezeiungen empfangen.

DAS HEILIGE FEUER

Unsere Ahninnen hüteten das untere Erdfeuer, das im weiblichen Raum enthaltene Feuer. Dies war symbolisch das innere Feuer, das seinen Sitz in der Nabelgegend hat und durch spezielle Meditationen, Tänze, aber auch sexuelle Praktiken entfacht werden kann. Es ist die aufflammende Leidenschaftlichkeit, die sich in höherer Entsprechung bis zur Ekstase steigern kann und die es vermag, dualistisches Erleben zu überwinden. Damit ist das »im Weiblichen« ruhende Feuer gemeint, das durch Bewegung in Gang gesetzt wird. Wir lassen ihm Verehrung zukommen und erwecken es gleichzeitig, wenn wir uns um ein Feuer herum sammeln und feiern. Als Symbol erscheint uns das Dreieck, das die weibliche Kraft des Feuerelements repräsentiert. Jene Kraft ist laut tibetischer Überlieferung gleichbedeutend mit Freude, Glückseligkeit und vermag Gefühle von Verwicklungen und Verstrickungen hinwegzuschmelzen.

Feuer bedeutet auch das Licht der Sonne, das durch den Verlauf der Jahreszeiten zur Wintersonnenwende geboren wird, wächst und auch wieder vergeht, um neu geboren zu werden. Die Wintersonnenwende, bei der das Licht der Sonne von der Großen Mutter in ihrem Nachtaspekt geboren wird, steht im Zentrum aller matriarchalen Mysterien. Die rituellen Feuer, die von Tänzen und Gesängen zu den Jahreskreisfesten begleitet werden, dienen dem Wachstum und der Vermehrung des inneren Feuers der Feiernden und sichern gleichzeitig das Gelingen des natürlichen Verlaufs der Wandlung innerhalb des Jahreszyklus.

WANDLUNG DURCH DIE NAHRUNG

Mithilfe des Feuers und des weiblichen Gefäßes ist es möglich, Nahrung, Opferspeisen, heilende Substanzen, Getränke, Rausch- und Trance erzeugende Zustände, Gifte usw. herzustellen. Ein rituelles Mahl unterscheidet sich allerdings von der bloßen Nahrungsaufnahme durch einige Merkmale. Die Zutaten tragen eine Symbolik in sich, diese wird mittels der irdischen Nahrung bewusst in den Körper aufgenommen und dient somit der Verwandlung, wird transformiert in einen geistigen Prozess. Die Zubereitung ist ein ritueller Akt in sich, d. h. ich bin mir darüber bewusst, welchen Aspekt des Lichts (in mir) ich nähren möchte und denke also schon während der Zubereitung an den Wandlungsaspekt der Göttin, dem die Feier gilt. Drittens betrachte ich die Gefäße, in denen ich die Opfergaben zubereite als Ausdruck des Körpers, als Wandlungsgefäß der Großen Göttin.

Da es im Ritual keinen Unterschied zwischen innen und außen gibt, ergibt sich daraus, dass alle Feiernden die zubereiteten Speisen »opfern«, indem sie diese zu sich nehmen und sich damit der verwandelnden Kraft überlassen. Äußerlich feiern wir das Jahreskreisfest, innerlich nähern wir uns der entsprechenden Göttinnenthematik an, indem wir versuchen, sie möglichst zu verkörpern und in uns zu nähren. Dies geschieht durch den Verlauf der Feier und die Nahrungsaufnahme.

Traditionell gibt es einige Komponenten, die bei einer Opferung nicht fehlen sollten. Will der Geliebte sich z. B. im Tantra dem heiligen Feuer seiner Göttin anvertrauen, bringt er den ihr innewohnenden Elementen zuvor folgende Opfergaben dar: Wein zur Nährung des Feuerelements verbindet mit der kreativen kosmischen Energie, vertreibt die Sorgen und unterstützt die Freude. Er öffnet die Türen des Unbewussten und verbindet mit der Wahrheit. Fleisch zur Nährung des Luftelements symbolisiert das Wachstum von Körper und Geist und repräsentiert die gesamte Tierwelt. Fisch als Ausdruck des Wasserelements nährt die fruchtbaren und erzeugenden Kräfte des Körpers und den Fluss der Lebensenergie. Durch das Essen von Fisch verbindet man sich mit den Wasserwesen. Geröstetes Getreide verbindet mit der Pflanzenwelt und den Elementarwesen, dem Erdelement. Die Kardamomsamenkapsel symbolisiert die duale Struktur der Schöpfung als Quelle jeden kreativen Akts. Sie verbindet mit der Einheit, repräsentiert das Ätherelement und damit die hinter der sichtbaren Welt liegende Quelle.

Bei ganz alten Ritualen werden der Erde traditionell Gaben von Milch, Mehl, Blut (Menstruationsblut) dargebracht. Die weiße gehörnte milchgebende Mondkuh ist eines der ältesten Symbole für die Große Mutter in ihrem Aspekt als Bewahrerin des Lebens. Aus ihrem Euter fließt die Milchstraße und nährt alle Wesen mit ihrer unerschöpflichen Energie. Daher wurde der Erde beim Ritual zum Zeichen des Dankes dieser nährende Trank zurückgegeben. Das Korn als eines der Grundnahrungsmittel wird in der Mühle gemahlen. Deren kreisende Räder standen stellvertretend für den Kreislauf des Lebens. Sie war gleichzeitig Todesmühle als auch Fruchtbarkeitsmühle. Das gemahlene Korn, das Mehl diente daher auch als Opferspeise für die Ahnen und Geister. Menstruationsblut war Nektar für die Erde. Einige Tropfen sicherten eine gute Ernte und düngten das Land.

Bei der Versammlungsfeier präbuddhistischer Schamanenrituale wurden die schützenden wilden Kräfte angerufen und ihnen wurden besondere Opfergaben dargebracht. Es waren fünf Arten von Fleisch und fünf Arten von Nektar und ein sog. Torma, ein aus Korn und Wasser zubereitetes menschliches Wesen. Dieses Teigmenschlein stand wahrscheinlich stellvertretend für das die Jahreszeiten repräsentierende Lichtkind, das aus der großen Mondgöttin geboren wurde und wieder zu ihr zurückkehrte. Die fünf Arten von Fleisch setzten sich aus Stier, Pferd, Hund, Elefant, Mensch zusammen und die fünf Arten von Nektar waren Kot, Gehirn, Sexualsekret, Blut und Urin. Im magisch-seelischen Körperbild (Gefäß-Körper-Frau-Welt) der Frühmenschen war der Körper bestimmten Mächten zugeordnet sowie Farben, Regionen, Pflanzen und Elementen. Körperregionen und Organe standen in gewisser magischer Abhängigkeit zum mystischen Weltenort. Von diesem gingen Einflüsse auf den Körper aus, aber umgekehrt vermochten die Körperzonen und zu ihm gehörenden Substanzen auch auf diesen Einfluss zu nehmen. Daraus erklärt sich die seltsame Auswahl der Opfergaben. Heute opfert man während der Versammlungsfeier tibetischer Schützerrituale stellvertretend Wein oder anderen Alkohol und ein Stück Fleisch, dass die Feiernden zu sich nehmen, um sich mit allen Daseinsbereichen zu verbinden.

Der Schlangengöttin wird Milch, Bier und Blut geopfert. Menstruationsblut vermag die Erde über die sie bewohnenden Menschen zu informieren, so dass sie mit diesen in Austausch treten kann.

Fleisch für die Schutzgottheiten

Tatsächlich wurde im großen Kessel der Wiedergeburt nach dem Blut das Fleisch gegart. Zum einen ist es proteinreich und sorgte schon für das Wachstum des Gehirnvolumens unserer Vorfahren, zum anderen war es auf Grund der Menge (ein gejagtes Tier war groß) geeignet, alle Feiernden zu versorgen. Fleisch nährt die Instinktkräfte im Menschen. Der Geist des Opfertieres verlieh besondere Fähigkeiten, Stärke und verband mit den Kraftwesenheiten des Schutzes. Die Schutzgottheiten schamanischer Kultur sind häufig von dämonischem Aussehen. Nicht selten besitzen sie reißende Zähne, wie auch alle dunklen Göttinnen. Ihnen wird die Tierwelt geopfert. Schutz bedeutete, in der Schattenwelt Verbündete zu finden. Das »Bedrohliche« zum Freund zu gewinnen. Meisterinnen des Lebens waren auch Gebieterinnen über die Wildnis. Sie hatten keine Feinde und zeichneten sich dadurch aus, dass sie Gefahren begegnen und überwinden konnten. Ein Tier zu erlegen war für die Menschen der Frühzeit kein Leichtes. Gelang es, kam dessen Geist höchste Achtung zu, und allzu gerne verband man sich mit ihm, indem man den Körper des Tieres verspeiste, aus Knochen und Haut Ritualgegenstände herstellte und sich mit dem Fell kleidete. Die Trancetänze während der Feier ehrten den animalischen Aspekt der Göttin und dienten dazu, sich durch die Kraft des Tieres auszudrücken.

Ein rituelles Mahl enthält aus diesem Grund auch Fleisch.

FISCH FÜR DIE RÜCKBINDUNG

Die Große Göttin als strömende Einheit des Urwassers, auf dem die Barken der Lichtwesen fahren, ist auch der untermeerische kreisende Ozean des Lebendig-Gebährenden. Alle Wässer, Ströme, Quellen, Flüsse, Brunnen sowie der Regen gehören zu ihr. Aus dem Ozean des Lebens entstehen die Gezeiten – das Lebendige ist die Kunst des Gebärens, ewig als Fisch im weiten Meer schwimmend. So war eine weitere Betrachtungsweise der Großen Mutter in ihrem alles umfassenden unaussprechlichen Aspekt. Sie konnte Leben aus sich selbst heraus gebären, somit gehörte alles untrennbar zu ihr. Fische wurden geopfert, damit man sich mit diesem tiefen archaischen Wissen verbinden konnte.

KORN FÜR DIE BEWAHRENDEN KRÄFTE

Das Korn, sei es Getreide oder Mais, nährt mit seinem fruchtbaren Naturgeist die Elementarwesen und den Menschen. Es repräsentierte die Große Göttin als Bewahrerin des Lebens. Es kommt aus dem nährenden Boden hervor und kann geerntet, auch gelagert werden. Korn befruchtet sich selbst. Die Kraft des Windes genügt, damit die Große Mutter aus sich selbst heraus hervorbringen kann. Gebackenes lässt sich genauso teilen wie Fleisch und nährt den Elementargeist und die Fruchtbarkeit der Feiernden während des Rituals. Die Korngöttinnen sind häufig von zartem Aussehen. Sie spiegeln Geschicklichkeit, Umsicht, die Fähigkeit, langsame Wachstums- und Aufbauprozesse durchzuführen. Auch verfügen sie über differenzierteres Wissen als die Schützerinnen, denn sie tragen ein Zeitbewusstsein in sich. Sie haben gelernt, den Wechsel der Jahreszeiten für Saat, Wachstum und Ernte zu nutzen. Ihnen wohnt ein soziales Bewusstsein inne, denn der Anbau von Korn bedarf der Zusammenarbeit und Organisation. Ornamental verziertes Gebildgebäck nährt somit auch die psychische Fruchtbarkeit, den organisch-bewussten seelischen Wachstumsprozess.

FRÜCHTE FÜR DIE REIFE UND FÜLLE

Der Weltenbaum nährt mit seinen Wurzeln die Seelen, während er in seinen Zweigen die zwölf Sonnen-Monate der Zeit hält und in seinem Wipfel Sitze für die Götter bereit stellt. Den Höhepunkt der Entwicklung von Samen bildet die Frucht, die wiederum die Samen für ihren Fortbestand enthält. Viele wachsen an Bäumen, denen Geistwesen innewohnen. Baum, Frucht und Sonne gehören symbolisch zusammen. Aus Früchten lässt sich Saft herstellen, dieser kann vergoren und so zur Inspiration des Geistes eingesetzt werden. Die Große Göttin als Baumgöttin zeigt sich durch ihre Früchte als reife Frau in ihrem inspirierenden dynamischen Aspekt und tritt sich selbst als Fülle und Sonne entgegen, Mutter und herangereifte Tochter bilden eine Einheit. Fruchtopfer bedeuten der Fülle des Lebens und dem Licht huldigen. Sie nähren die Freude und den lebendigen kreativen Ausdruck. Der vergorene Saft öffnet die Türen zum seelischen Bereich und beseitigt Hemmungen oder Hindernisse, die diesen verschließen. So kann Verborgenes ans Licht treten und zur Reife gelangen. Die Welt der geistigen Fülle lässt sich erschließen.

GEMÜSE FÜR DAS SENSIBLE DIFFERENZIERUNGSVERMÖGEN

Während das Sammeln von Wurzeln und Knollen unsere Ahninnen beschäftigte, waren sie sich der Bedeutung der nährenden Früchte des Bodens bewusst. Als die ersten Gemüse geerntet werden konnten, gingen damit erdverbundene Rituale einher. Um die Vielfalt der Gemüse züchten zu können, bedarf es sensiblen Einfühlungsvermögens und Experimentierfreudigkeit. Genau dies vermögen uns die Pflanzengeister zu vermitteln. Sie nähren die feinstoffliche Verbindung zu den Geschöpfen der Erde und den Feinstoffkörpern.

KRÄUTER UND GEWÜRZE FÜR DAS LEBENSELEXIER

Unsterblichkeitskräuter werden in vielen Märchen gesucht. Häufig stehen sie unauffällig an schwer zugänglichen Stellen und zeichnen sich durch extreme Seltenheit aus. Manche blühen nur alle sieben oder dreizehn Jahre für einen einzigen Moment. Nur Kundige und Eingeweihte können sie erkennen und pflücken. Ihnen ist sowohl der Weg als auch der richtige Zeitpunkt bekannt und darüber hinaus begeben sie sich in große Gefahr, um das wertvolle Kraut zu finden. Aus Kräutern lassen sich Tees, Zaubertränke und Rauschtränke herstellen. Diese dienen der Heilung, führen auf die andere Seite der Anderswelt, können aber auch den Tod bringen. Wer sich mit ihnen auskennt, kennt sich auch mit Zauber und Magie aus – weiß auf weise Art zu hexen. Mit Kräutern kann man räuchern, reinigen, die Ahnen oder Göttinnen rufen. Die weise Alte, die über große Erfahrung verfügt, kennt deren Geheimnisse und weiß sie anzuwenden. Kräuter dürfen bei der Zubereitung von Opferspeisen nicht fehlen.

INNERE UND ÄUßERE OPFERGABEN – DIE ZUBEREITUNG DES FESTMAHLS ALS TEIL DES RITUALS

Rufen wir uns noch einmal die Verbindung von Gefäß, Körper, Frau und Welt in Erinnerung. Daraus geht hervor, dass das innere Erleben von der äußerlichen rituellen Handlung nicht zu trennen ist. Indem wir den zu feiernden Aspekt nähren, nähren wir uns selbst und umgekehrt. Nahrhafte Opfergaben dürfen beim Zelebrieren also nicht fehlen. Schön ist, wenn die Zutaten auf den Anlass abgestimmt sind. Wir haben uns bemüht, sinnvolle Zusammenhänge herzustellen zwischen den Zutaten, der Zubereitung, alten Bräuchen und dem jeweiligen Jahreskreisfest. Auf Fleischgerichte haben wir nicht verzichtet, da sie, wie schon erwähnt, die Instinktkräfte nähren und zum Schutz wichtig sind. Wer gar kein Tier mag, kann auf die Rezepte aus der Pflanzenwelt zurückgreifen. Es ist bestimmt kein Muss, Fleisch zu sich zu nehmen.

Schön ist auch, wenn die Opferspeisen einen Gegenstand enthalten, der von einer feiernden Person beim Verzehr gefunden wird. In vielen Märchen ist z. B. im Kuchen oder der Suppe ein Ring versteckt. Der Ring symbolisiert die tiefe Bedeutung, die diesem besonderen Mahl innewohnt. Es bietet sich an, zu jedem Jahreskreisfest etwas in einer der Speisen zu verstecken, dass die Bedeutung des speziellen Festes symbolisiert. Wer dieses findet, kann vielleicht zu dessen HüterIn während eines Zyklus werden und den anderen mit dieser Besonderheit zur Verfügung stehen.

SEGNEN DER SPEISEN NACH BUDDHISTISCHER TRADITION

Nicht nur während der Rituale, sondern auch bei jeder Mahlzeit kann man sich, wenn man möchte, die Speisen auf dem Tisch als Weisheitsnektar visualisieren, der den Wandlungskessel füllt. Der Nektar wird dreimal mit weißem, rotem und blauem Licht, das aus Stirn, Kehle und Herz ausstrahlt, gesegnet. Dabei ruft man alle LehrerInnen und schützende Geistwesen herbei und die Gottheit, der man sich anvertraut. Im eigenen Herzen entsteht nun Raum, so dass sich diese darin versammeln können. Der Weisheitsnektar, den man in Form der Speisen zu sich nimmt, nährt jene und auch das persönliche geistige Entwicklungspotenzial. Dieses Opfer gilt als ausgesprochen mächtig. Zusätzlich kann man Tier, Pflanze und allen Beteiligten danken, die dazu bei-getragen haben, dass die Speisen sich auf dem Tisch versammeln konnten. Ein überliefertes buddhistisches Tischgebet besagt:

E MA HO
Essen, Trinken, fünf Mal Fleisch und Nektar,
alles ist im Schädel,
in der Glückseligkeit, in der Leere.
Gemacht, vermehrt, gereinigt von den drei Donnerkeilen,
wird es zu einem Meer aus reinem Nektar.
OM AH HUNG HA HO HRI
OM AH HUNG HA HO HRI
OM AH HUNG HA HO HRI
Alle Fehler, sei es Farbe, Geschmack oder Wirkung
sind beseitigt,
alles verwandelt in Nektar
alles weit wie das Meer ist gesegnet.
OM AH HUNG
OM AH HUNG
OM AH HUNG

SEGNUNG DER SPEISEN NACH INDIANISCHER TRADITION

Unter Indianern ist es üblich, jeweils ein wenig der Speisen auf einem Extrateller anzurichten und als Opfergabe nach draußen zu tragen. Mögen alle Geistwesen satt werden. Man dankt der Erde und dem Geist der Tiere für die Nahrung und bittet darum, dass alles Genommene wieder erneuert wird.

Kochen für die Jahreskreisfeste

Keine Angst vor Braten

Das Geheimnis gelungener Rezepte ist, dass es kein Geheimnis gibt. Verwendest du gute Zutaten, kommt am Ende auch aus dem Topf oder dem Ofen etwas Gutes heraus. Allerdings macht es Spaß, sich vorher zu überlegen, wie sich die verschiedenen Zutaten verbinden lassen. Bei allen Fleischgerichten ist dafür Wein, Met, Bier, Apfelsaft, roter und schwarzer Johannisbeersaft oder Holundersaft geeignet. Wasser ist zum Waschen da. Bier gibt besonders Schweinebraten eine knusprige Kruste.

Um Saucen dicker und milder zu bekommen, bieten sich (saure) Sahne und Buttermilch an, du kannst auch Mandelmilch oder fein gemahlene Nüsse verwenden. Außer bei Roastbeef sind für große Braten Temperaturen um 180-200 Grad geeignet. Wer viel Zeit hat, kann den Ofen auch auf 140° C stellen. Grundsätzlich gilt: je geringer die Temperatur, desto zarter wird das Fleisch, desto länger duftet es und desto mehr Raum bleibt, um alle anderen Vorbereitungen in Ruhe zu treffen. Um zu vermeiden, dass das Fleisch trocken wird, kannst du es mit einem Mantel aus Blättern, Früchten, Gemüsen oder Speckscheiben belegen. Dazu wird es zwischendurch mit Buttermilch oder/ und Wein begossen. Gesalzen wird bei Tisch oder am Ende der Bratzeit, denn so bleibt der Saft während des Garens im Fleisch. Die Zubereitung von Wild als Opfergabe für das Jahreskreisfest hat eine sehr lange Tradition. Ein gelungener Wildbraten wird z. B. als erstes einmal gebeizt:

BEIZEN

Stücke von älteren Rehböcken, Wildschweinen oder Rotwild lassen sich beizen, sofern sie nicht eingefroren waren. Brunfthirsche und Keiler verlieren dabei ihren unangenehmen Geschmack. Fleisch von älteren Tieren wird leichter zart.

ROTWEINBEIZE

4 Teile Salzwasser	Piment
1 Teil Essig	Lorbeer
1 Teil Rotwein	Thymian
Gelbe Rüben	Majoran
Sellerie	Wacholderbeeren
Petersilienwurzel	Pfefferkörner
Zwiebel	Zitronenschale – 2 Gewürznelken je nach Geschmack

Wurzeln und Gewürze werden in dem leicht gesalzenen Wasser gekocht, dann gibt man Essig und Wein dazu und lässt alles nochmals aufkochen. Ist die Beize abgekühlt, gießt man sie über die Wildteile, so dass sie davon bedeckt sind. Das Wild nicht länger als 4 Tage in der Beize liegen lassen!

WEIN-ÖL-BEIZE

Olivenöl und Rotwein zu gleichen Teilen mischen und über die Wildteile gießen. Sie sollen von der Beize ganz umschlossen sein. Während 3-4 Tagen mehrmals wenden. Diese Beize kann auch zum Aufgießen des Bratens verwendet werden und frische Kräuter, wie z. B. Bärlauch lassen sich wunderbar beifügen.

MILCH-BEIZE

Frische Milch, Sauermilch oder Buttermilch so über das Wildbret geben, dass es ganz bedeckt ist. Täglich einmal wenden. Nach dem 2. Tag die Milch wechseln. Nicht länger als 6 Tage in der Milch liegen lassen. Vor der Verwendung das Fleisch abwaschen und gut abtrocknen.

PORTIONEN BEMESSEN

Beim Braten von der Keule misst man ca. 250 g pro Person. Ein Rotwildrücken von mittlerer Größe wiegt 25-30 Pfund. Hier berechnet man ca. 300 g pro Portion Rohgewicht mit Knochen. Eine Keule von mittlerer Größe wiegt 20 bis 30 Pfund. Eine Portion kann 250 g Rohgewicht mit Knochen haben. Ein Rehwildrücken wiegt ca. 4-6 Pfund, die Keule 5 Pfund, die Mindestportion Rücken ist bei Rehwild 350 g. Der Schwarzwildrücken eines Frischlings wiegt ca. 6 Pfund, während der eines Überläufers 10 bis 12 Pfund hat. Der Rücken eines 3-4-jährigen weiblichen Schweins wiegt 25 Pfund und mehr. Die Keule eines Frischlings hat 5 Pfund, eines Überläufers 10 Pfund und einer 3-4-jährigen Sau 20 Pfund und mehr. Die Portioneneinteilung entspricht der des Rotwilds.

GARZEITEN

ROTWILD	Rücken	1 kg	200° - 210° C	60 bis 90 Min.
		jedes weitere kg		30 bis 35 Min.
	Keule	1 kg, geschmort		90 bis 120 Min.
	Keule ganz	1 kg	200° - 210° C	90 bis 120 Min.
		jedes weitere kg		35 bis 40 Min.
	Stücke	1 kg	Geschmort	1 Std. ++
	Gehacktes	1 kg	Kochen	25 bis 30 Min. ++
REHWILD	Rücken	1 kg	200° C Backofen	45 bis 60 Min.
		jedes weitere kg		25 bis 30 Min.
	Keule, ganz	1 kg	200° - 210° C	60 Min. ++
		jedes weitere kg		30 bis 35 Min.
	Stücke	1 kg	Dünsten, schmoren	60 Min. +
	Gehacktes	1 kg	Garziehen 80° C	30 Min. ++
WILDSCHWEIN	Rücken	1 kg	200° bis 210° C	60 Min. ++
		jedes weitere kg		30 Min. ++
	Keule	1 kg, gebeizt	Schmoren	60 Min.
	Keule, ganz	1 kg	200° - 210° C	60 Min.
		jedes weitere kg		35 bis 40 Min.
	Stücke	1 kg	geschmort	60 bis 90 Min.
LACHS	ganz	1 Pfd	gekocht	10 Min. pro Pfund, plus 10 Min insgesamt
	ganz	1 Pfd	gebacken	20 Min. pro Pfund für die ersten drei, je 10 Min. pro weitere

KALENDER FÜR DIE JAHRESKREISFESTE

 YULE – WINTERSONNENWENDE: Die Nacht um den 21. Dezember
(Sonnenwechsel in Steinbock)

 IMBOLC – LICHTMESS: Die Nacht zum 2. Februar

 OSTARA – TAGUNGNACHTGLEICHE IM FRÜHLING: Die Nacht um den 21. März
(Sonnenwechsel in Widder)

 BELTANE – WALPURGISNACHT: Die Nacht zum 1. Mai

 LITHA – SOMMERSONNENWENDE: Die Nacht um den 21. Juni
(Sonnenwechsel in Krebs)

 LUGHNASAD – LAMMAS – SCHNITTERFEST: Die Nacht zum 1. August

 MABON – TAGUNDNACHTGLEICHE IM HERBST – ERNTEDANK: Die Nacht um den 23. September
(Sonnenwechsel in Waage)

 **SAMHAIN – AHNENFEST:** Die Nacht zum 1. November

Yule
Wintersonnenwende

Die Wintersonnenwende bezeichnet sicherlich das älteste und wichtigste Fest des Jahreskreises. Alle Kulturen bis in die heutige Zeit waren und sind sich darüber einig, dass an dem Tag, der die größte Dunkelheit mit sich bringt, ein Lichtsame in Form eines Kindes wiedergeboren wird, was eine große gemeinschaftliche Feier wert ist. Ursprünglich gebar die Große Göttin ihr Sonnenkind, das stellvertretend für die sich wandelnde Natur heranwuchs, im Sommer seine Blüte und Reife erreichte und im Herbst zu ihr in die Unterwelt hinabstieg, um dort mit ihr eins zu werden und bei der nächsten Wintersonnenwende wieder geboren zu werden. Man tanzte in alter Zeit in dieser Nacht linksherum in das Zentrum einer Spirale, hielt in deren Mitte inne und wartete zusammengekauert, gleichzeitig Sterbende und wieder neu Werdende, auf den Impuls, rechts herum wieder nach draußen zu tanzen, mit Hilfe der im Zentrum gefundenen Kraft der Erneuerung und des Lichts. Die Wintersonnenwende bezeichnet den wichtigen Punkt dazwischen, der im Zentrum liegt. Das bewusste Erreichen der Auszeit, die im Kleinen zwischen dem Ausatem und Einatem liegt. In dieser Pause, dem ungeborenen Raum, liegt der schöpferische Impuls, der dem Chaos innewohnt und der als Lebensfunke wieder in den Einatem führt. Die Wintersonnenwende ist der kostbare Moment der Lücke, aus der heraus Neues geboren wird, auch die zwölf kommenden Sonnenmonate und die dreizehn Mondmonate. In ihr sind die weiblichen und männlichen Zählrhythmen vereint. Aus diesem Geheimnis entsteht das Licht. Unzählige Bräuche ranken sich um die Wintersonnenwende. Diese Nacht lädt zum Orakeln ein. So werden z. B. zwölf goldene Nüsse von Ratsuchenden geknackt, um daraus zu einer Frage Prognosen für die kommenden Jahresmonate zu lesen. Dabei kommt es darauf an, wie die Füllung der Nuss aussieht, die jeweils einem Monat zugeordnet ist. Sträuße und Kränze aus Stechpalme, Mistel, Buchs, Buchsbaum, Eibe, Tanne, Fichte, Ginster, Kiefer, Föhre, Wacholder, Efeu und anderen immergrünen Pflanzen schützen vor negativen Kräften und richten die Sinne auf das, was nicht vergeht. Goldener und silberner Schmuck erinnert an die Kraft der Sonne und des Mondes und feiert das Licht, das von ihnen empfangen werden kann.

Geboren

Dunkle Ruhe
Stille
Nichts
ein Funke Licht.
Auseinandergenommen
zusammengefügt
Neu.

Äpfel mit ihrem sternförmigen Gehäuse und Sterne huldigen der Fähigkeit der Großen Göttin, aus sich selbst heraus zu gebären. Im Stern wohnt das geheime Wissen um die Schöpfung der Welt. Zwei miteinander verbundene Pyramiden, die sich nach oben sternförmig öffnen, nennt man nach schamanischer Überlieferung auch die Quelle aller Erscheinungen, die Geburtsstätte allen Seins. Gebildgebäck in Form der Sonne, der Spirale, der vier Jahreszeiten, der neun sichtbaren Monde, das Weihnachtsscheit in Form einer Biskuitroulade, Lebkuchenmenschen und Sternplätzchen werden gebacken und verzehrt in Erinnerung an dieses alte Wissen. Die Kinder werden als Lichtkinder noch heute reich beschenkt. Während der Wintersonnenwende stirbt im Idealfall das »erwachsen Gewordene«, damit etwas ganz Neues aus der Tiefe an die Oberfläche steigen kann – ein reiner, bisher noch nicht gelebter Lebensfunke, aus dem Wissen um die Quelle erfüllt.

Im November, Dezember und Januar versorgt uns die Natur mit Wurzelgemüsen, Kohlgewächsen, Äpfeln, Birnen und Nüssen. Es gibt frisches und geräuchertes Fleisch von Haustieren und Geflügel. Aus dem Wald kommen Rotwild, Schwarzwild, weibliches Rehwild, Enten und Fasane (bis Dezember). Die Fische der Saison sind Hering, Makrele, Lachs, Karpfen, Zander, Weißfische.

Wintersonnenwendpflanze: Kiefer

Nach indianischer Ansicht symbolisieren der runde Stamm der Kiefer
das Rad der Zeit und ihre in kleinen Büscheln angeordneten Nadeln
jene Stärke, die aus gemeinschaftlicher Unterstützung erwächst.
Die Weisheit der Kiefer beruht auf dem Bewusstsein um die Alterslosigkeit.
In Olivenöl eingelegte Kiefernnadeln werden zu einem Massageöl,
das die Nerven beruhigt und den Kreislauf anregt.
Mit Kiefernzweigen fegt man die Ritualplätze zur Jahreskreisfeier.
Über der Eingangstüre angebracht öffnen sie diese der Freude.
Die harzreichen Kiefernzapfen und Kienspäne dienten früher als
Beleuchtungsmittel. Kiefernsprossen standen als
Vitamin C-Lieferanten und Mittel gegen Skorbut bei unseren
Vorfahren in hohem Ansehen.

ZWIEBELSUPPE MIT CHAMPAGNER

400 g Zwiebeln
1 Flasche Champagner
oder ein anderer herber
Schaumwein
4 Eigelb
200 g Briekäse
40 g Butter
1 Glas Madeira oder
süßer Sherry
Salz
weißer Pfeffer

Die Zwiebeln werden in Ringe geschnitten und in einem großen Topf mit der Butter goldgelb gebraten. Jetzt mit Champagner ablöschen und mit Salz und Pfeffer würzen. Die Suppe möchte mindestens eine Stunde sanft bei geschlossenem Deckel köcheln. Inzwischen die Eigelbe mit dem Madeira verrühren, den Brie in Scheiben schneiden und die Rinde entfernen. Zum Ende der Kochzeit die Käsescheiben in die Suppe geben, schmelzen lassen und gut verrühren. Dann die Eimasse unterrühren und kurz unter Rühren aufkochen lassen. Dazu gibt es geröstete Brotscheiben. Zwiebelsuppe hilft bei übersäuertem Magen. Sie wirkt aufbauend und ausgleichend auf den Organismus.

WINTERSONNENWENDMÄRCHENTOPF FÜR SIGRID FRÜH*

Die mundgerechten Fleischstücke leicht bemehlen. Die Zwiebeln (für die gesamte Fleischmenge) im Topf goldgelb schmoren, das Fleisch portionsweise in der Pfanne von allen Seiten anbraten und zu den Zwiebeln geben, mit Wein und Saft aufgießen und bei geringer Hitze köcheln lassen.

Nach jeder Pfanne das angebratene Fleisch mit der Flüssigkeit aufgießen, so dass immer 1-2 cm Flüssigkeit über dem Fleisch im Topf stehen. Die ganzen Haselnüsse dazugeben und alles bei kleiner Hitze schmoren lassen. Gelegentlich umrühren. Inzwischen das Gemüse in Würfel schneiden und hinzufügen. Dann die Gewürze bis auf das Salz (das kommt erst dazu, wenn das Fleisch gar ist!), die gemahlenen Nüsse und die Trockenfrüchte einrühren. Eventuell Flüssigkeit auffüllen. Bei großen Töpfen den Deckel nicht ganz geschlossen auf-legen (auf einer Seite einen Kochlöffel zwischen Topf und Deckel schieben), dann bäckt nichts am Topfboden an.

Garzeit:

Die ersten 2 Kilo je 1 Stunde, das dritte 30 Minuten, jedes weitere 20 Minuten, je nach Beschaffenheit des Fleisches. (Probieren!!). Bei Mengen über 3 Kilo das Gemüse und die Trockenfrüchte erst nach der halben Garzeit dazugeben.

Falls die Sauce zu dünnflüssig ist:

Pro Kilo ein EL Mehl in etwas Wein verrühren und dazugeben oder noch mehr Haselnüsse fein zermahlen (fast wie Marzipan) und in die Sauce rühren.

Wenn der Märchentopf fertig ist, wird er mit einer Spirale aus kleingehackter Petersilie garniert.

Der Suppenstein:

Nach der ersten Lage Fleisch und Flüssigkeit wird ein Handteller großer sauberer Kieselstein – der Suppenstein – in den Topf gegeben und kocht mit. Er verhindert das Anbrennen. Ist man beim Speisen wieder am Grund des Topfes angelangt, wird der Suppenstein herausgefischt und ein wenig abgekühlt. Dann wandert er von Gast zu Gast. Während jeder ihn einmal in den Händen hält, legt er seinen Wunsch für die kommende lichte Zeit hinein. Mit allen Wünschen angefüllt, wird er dem See übergeben – auf das sich die Wünsche erfüllen mögen!

Dazu gibt es eingekochte Preiselbeeren oder Johannisbeeren und dicke Scheiben richtiges Steinofenbrot.

1 kg Hirschfleisch, in nicht zu kleine Stücke geschnitten, reicht für 4 Personen (= 10 kg für 40 Personen)

ZUTATEN JEWEILS PRO KILO
1 EL Mehl
Olivenöl zum Anbraten
$1/2$ l trockener Rotwein
100 cl schwarzer Johannisbeersaft
2 Zwiebeln, fein geschnitten (1 Knoblauchzehe, zerdrückt)
2 handlange Karotten, gewürfelt
1 Petersilienwurzel, gewürfelt
1 Scheibe Sellerieknolle, gewürfelt (gleiche Menge wie Petersilienwurzel)
1 Handvoll Haselnüsse (ca. 100 g)
1 Handvoll Hutzeln (getrocknete Birnenschnitze) oder Rosinen, Korinthen, davon aber weniger
$1/2$ Tasse (100 cl) fein gemahlene Haselnüsse

GEWÜRZE PRO KILO
2 Lorbeerblätter
5 Wacholderbeeren
1 Salbeiblatt
1 TL getrockneter Rosmarin (oder 1 fingerlanger Zweig vom Strauch)
1 TL getrockneter Thymian
1 TL schwarzer Pfeffer (grob zerstoßen)
2 Nelken
2 Körner Piment
$1/2$ TL Korianderkörner oder 2 Messerspitzen gemahlener Koriander
$1/2$ TL Salz, erst ganz am Schluss dazugeben!

1 großer Topf (nicht emailliert, falls er ins Feuer gestellt werden soll)
1 große Pfanne zum Anbraten des Fleischs
1 Suppenstein
1 Bündel Petersilie zum Garnieren

* Das Rezept zum Märchentopf entstand zur Wintersonnenwendfeier 2005 mit Sigrid Früh, www.maerchenwandern.de

APFELSCHWEIN

FÜR 4-6 PERSONEN

35 cm Schweinerücken
1/4 l Buttermilch
1/4 l Weißwein oder
Apfelwein/Cidre
2 Zwiebeln
2 Äpfel
1 Stück Sellerie (so groß
wie ein halber Apfel)
1 Petersilienwurzel
1 Karotte
1 EL Olivenöl/Butter/
Schweineschmalz
1/2 TL Kümmel
3 Lorbeerblätter
1 TL Majoran
4 Nelken
1/2 TL schwarzer Pfeffer,
grob gemahlen
1/2 TL Rosmarin oder
2-3 cm frisch vom Strauch
1 TL Thymian oder
8 cm frisch vom Strauch
1/2 TL Senfkörner

Zuerst wird das Gemüsebett gebaut:

Die in Würfel geschnittenen Zwiebeln lässt man kurz in heißem Fett glasig werden und gibt sie in die Bratenpfanne. Dazu kommen die in kleine Würfel geschnittenen Sellerie-, Petersilienwurzel- und Karottenstückchen. Entsprechend der Größe des Bratens verteilt man sie in der Pfanne und legt die Lorbeerblätter darauf. Falls frischer Thymian und Rosmarin zur Verfügung stehen, streut man die Zweige ebenfalls auf das Gemüsebett. Das Bratenstück wird von allen Seiten mit Olivenöl eingerieben – wenn es ein Fettpolster hat, ist das nicht nötig – und auf das Gemüse gelegt.

Das Bratenstück nun mit etwas Buttermilch begießen und die Gewürze darauf verteilen. Die ungeschälten Äpfel – mit einem Gurkenhobel in dünne Scheiben geschnitten – werden dachziegelartig auf das Fleisch geschichtet, bis es von einer dünnen Apfelschicht bedeckt ist. Das Ganze wird noch mal mit Buttermilch übergossen und in den vorgeheizten Ofen geschoben. Nach der ersten Viertelstunde schüttet man den Wein oder Cidre in die Pfanne. Garzeit: mindestens pro Kilo 70-90 Min. oder 10 Min. pro 1cm Fleischhöhe bei 180° C.

Während des Bratens gelegentlich nachsehen, ob noch Flüssigkeit (Wein, Cidre) vorhanden ist und ob noch mal Buttermilch nachgegossen werden muss – die Apfelscheiben sollen nicht zu dunkel werden.

Für dieses Rezept brauchen nicht immer alle Gewürze verwendet zu werden. Pfeffer als Begleiter eines einzelnen Krauts, wie Thymian, Rosmarin, Majoran, Kümmel, hebt diesen Geschmack besonders hervor.

APFELKOMPOTT ZUM APFELSCHWEIN

Einige sehr saure
Kochäpfel
Wasser
Zucker
Calvados

Die Äpfel entkernen, nicht schälen und achteln. In etwas Wasser ca. 5-10 Min. kochen. Sie sind fertig, wenn sie weich sind und beginnen zu zerfallen. Zucker nach Belieben dazugeben. Die Äpfel grob mit einem Stampfer zerdrücken. Zum Schluss einen Schuss Calvados dran. Zum Apfelschwein servieren.

GLASIERTE HONIGKAROTTEN

1 Pfund Karotten
Butter
2 Tassen frisch
gepresster Orangensaft
1/2 Tasse Honig
Kristallsalz
Pfeffer
Kerbel oder Petersilie

Schäle die Karotten am Stück und schneide sie einmal der Länge nach durch. (Je nach Dicke auch zweimal). Jetzt werden sie in Butter angeschwitzt und im Orangensaft ca. 10 Minuten gekocht. Hebe sie dann aus dem Topf und schichte sie in eine Backofenform. Streiche die Karottenstangen mit dem Honig ein und lasse sie im Backofen bei 175° C glasieren. Die kleingeschnittenen Kerbel- oder Petersilienblätter kommen zum Schluss über die Karotten.

Selleriepüree

Die Sellerieknolle in Würfel schneiden, mit Zitronensaft beträufeln und mit der Zwiebel in der Gemüsebrühe 20 Minuten garen. Sahne und Gewürze dazugeben und pürieren. Mit Selleriegrün bestreuen und zum Apfelschwein oder zu Wildbraten servieren.

Für 6 Personen

1 kg Knollensellerie, gewürfelt
1 EL Zitronensaft
1 Zwiebel, gewürfelt
$1/4$ l Gemüsebrühe
6 EL saure Sahne
$1/2$ TL Rübensirup
$1/2$ TL Salz
$1/2$ TL weißer Pfeffer

Rindfleisch mit Backpflaumen

Die feingeschnittene Zwiebel, den Pfeffer und die über Nacht eingeweichten Backpflaumen zum Fleisch geben und mit kochendem Wasser übergießen, so dass das Fleisch ganz bedeckt ist. Auf kleiner Flamme 2 Stunden (+ $1/2$) weich kochen. Die geschälten, in dickere Scheiben geschnittenen Kartoffeln in eine Bratenpfanne geben, das Fleisch und die Pflaumen darauf legen. Die Butter zerlassen, das Mehl darin anrösten, mit einem halben Liter Kochbrühe ablöschen. Zitronensaft, Honig, Zimt und Salz darin verrühren und diese Sauce über Fleisch und Kartoffeln verteilen. Bei 200° C 40 Minuten im Ofen backen. Vor dem Servieren das Fleisch in Scheiben schneiden. Ein Gericht für warme Gedanken ...

Für 6-8 Personen

1,5 kg mageres Rindfleisch zum Kochen
1 kg Kartoffeln
500 g Backpflaumen
1 Zwiebel
1 EL Butter
$1/2$ EL Mehl
1 Zitrone
$1/2$ Tasse Honig
$1/2$ TL Zimt
1 gehäufter TL Salz
1 TL schwarze Pfefferkörner, gemahlen

Rita McGhettigan's Schinkenbraten

In einer Kasserolle $1/2$ l Wasser aufkochen, den Schinken mit der Schwarte nach unten hineinlegen und eine Stunde ziehen lassen. Ist er stark gesalzen, sollte er zuvor über Nacht gewässert werden. Den Backofen auf 170° C heizen. Die Schinkenschwarte rautenförmig einschneiden. Senf, Salz, Pfeffer und Thymian verrühren und den Braten damit einreiben. Wieder mit der Schwarte nach unten in einen Bräter legen und eine Tasse Kochwasser dazugeben. Für ca. eine Stunde mit verschlossenem Deckel backen. Dann den Braten mit dem Honig einpinseln, mit den Nelken spicken (ca. eine Nelke auf zwei cm^2) und eine weitere Stunde im offenen Bräter garen. Sobald der Honig karamellisiert ist, den Braten immer wieder mit dem Dessertwein übergießen. Maronen dazugeben. Nach einer weiteren halben Stunde ist der Braten fertig. Beim irischen Wintersonnenwendfest darf der Schinken auf keinen Fall fehlen.

Für 8 Personen

1 kg leicht gepökelter Nussschinken mit Schwarte
2 EL Senf
Kristallsalz
frischer Pfeffer
1 TL frischer Thymian
eine Handvoll Nelken
3 EL Honig
1 Glas Madeira, Sherry oder Met
250 g geschälte Maronen

WINTERLICHER WILDSCHWEINBRATEN

FÜR 10 PERSONEN

Eine Wildschweinkeule
ca. 3 kg schwer
frischer Thymian
frischer Rosmarin
2-3 frische Lorbeerblätter
13 Wacholderbeeren
3 Nelken
frische Petersilie
13 Walnüsse
getrocknete Steinpilze
Olivenöl
6 kleine Äpfel
6 kleine Birnen
1 Flasche Met oder eine
Flasche Rotwein, in die
3 EL Honig gerührt werden
1 Flasche Rotwein
1 Becher Sahne
1 Prise Zucker
Kristallsalz
frischer Pfeffer

Die Keule vom Knochen trennen. Die zerkleinerten Kräuter mit frischem Pfeffer und Olivenöl verrühren, Wacholderbeeren zerquetschen. Einen Teil der Mischung in die entstandene Tasche massieren. Die Hälfte der Walnüsse, 1 Apfel und 1 Birne zerkleinern und auch in die Tasche füllen. Alles mit Nadel und Zwirn zunähen. Den anderen Teil der Kräuteröl-Mischung um den Braten herum massieren. Den Braten kurz anbraten und in einen großen Bräter legen. Mit Met übergießen und bei 175° C in den Ofen auf die unterste Schiene stellen. Nach 20 Minuten die über Nacht eingeweichten Trockenpilze hinzugeben. Den Braten alle 20-30 Minuten immer wieder mit Met, Rotwein oder dem bereits entstandenen Bratensaft übergießen. Nach zwei Stunden den Ofen auf 150° C herunterschalten. Wenn der Braten sehr braun aussieht, Deckel drauf. Nach drei Stunden die 10 Äpfel und Birnen abwechselnd rund um den Braten verteilen und 20 Minuten in der Sauce mitgaren.

Braten und Obst aus der Sauce nehmen. Sahne mit 2 EL Mehl verrühren, damit die Sauce andicken, die fein geschnittene Petersilie dazugeben. Den Braten 10 Minuten ruhen lassen, dann in Scheiben schneiden. Diese in die Sauce setzen und die Birnen und Äpfel wieder rundum anordnen. Zum Schluss erst salzen. Servieren und genießen. Wunderbar!

THÜRINGER WICKELKLÖße – KARTOFFELSPIRALEN

Kartoffeln reiben und mit den Eiern und dem Mehl zu einem Teig verkneten. Den Teig mit dem Nudelholz sehr dünn ausrollen. Das Semmelmehl in der Butter anrösten und gleichmäßig auf den Teig streichen. Den Teig in 5 cm breite und ca. 10 cm lange Streifen schneiden. Die einzelnen Streifen zu kleinen Rouladen wickeln und am Rand jeweils fest zusammendrücken. In kochendes Salzwasser gleiten lassen und auf kleinster Flamme 10-15 Minuten gar ziehen lassen.

FÜR 10 PERSONEN

2 kg gekochte Kartoffeln vom Vortag
3 Eier
150 g Kartoffelmehl
300 g Weizenmehl
3 TL Salz
Muskatnuss
90 g Butter
1 Tasse Semmelbrösel

HALBSEIDENE KARTOFFELKLÖße

Die am Vortag gekochten Kartoffeln reiben und salzen. Mit Majoran abschmecken. Das Kartoffelmehl hinzufügen. Die Kartoffeln mit $6/8$ l kochendem Wasser überbrühen und die Eier dazugeben. Alles zu einem geschmeidigen Teig kneten. Diesen in Knödel formen und in die Mitte die gerösteten Semmelwürfel drücken. Die Knödel in viel Salzwasser 15 Minuten ziehen lassen. Wenn sie hochsteigen, sind sie fertig. Sie glänzen dann »halbseiden« zum Fest.

FÜR 12 KLÖße

3 kg Kartoffeln
750 g Kartoffelmehl
6 Eier
Majoran
Salz
Geröstete Semmelwürfel

GESPICKTER WILDSCHWEINRÜCKEN

Einen Wildschweinrücken oder ein Stück davon häuten und vom Fett befreien. Den Rücken in drei Reihen spicken, am Grat entlang mit Apfelstreifen, dann mit einer Reihe Speck und schließlich mit den Petersiliestängeln (die überstehenden Stängelenden abschneiden). Feingeschnittene Zwiebel und die Speckwürfel in Olivenöl anbraten und den gespickten Rücken darin bräunen, mit einem Glas Apfelwein ablöschen und die Gewürze dazugeben. Bei 200° C in den Backofen schieben und unter abwechselndem Begießen mit Apfelwein und Buttermilch garen. Der letzte Guss sollte Apfelwein sein. Dann die saure Sahne in der Sauce verrühren. Bei Wildschweinrücken rechnet man für das erste Kilo Fleisch 60 Minuten Garzeit und für jedes weitere jeweils 30 Minuten.

1 Wildschweinrücken (nur bei älteren Tieren beizen)

PRO KG ZUM SPICKEN:
10 starke Stängel Petersilie (ohne Blätter)
10 Streifen von getrockneten Äpfeln (oder frische, säuerliche)
10 Streifen durchwachsener Speck

100 g Speck
2 EL Olivenöl
1 große Zwiebel
1/2 TL Rosmarin
1/2 TL Thymian
2 feingeschnittene Salbeiblätter
3 Wacholderbeeren
1/2 TL Pfeffer
Salz
1/2 l Apfelwein
1/4 l Buttermilch
4 EL saure Sahne mit 2 EL Mehl verrührt

Waldelfentipp

Wenn man Zwiebeln nur glasig braten will, ist es besser zu Butter/Öl und Zwiebeln noch einen EL Flüssigkeit dazuzugeben, z. B. Wein, Bier oder Wasser.

GEFÜLLTE ÄPFEL ALS BRATENGARNITUR

Kleine Äpfel, die nicht
verkochen
SUD
1 Teil Wasser
1 Teil Weißwein, Zucker,
Zitronenschale
Zitronensaft

FÜLLUNG
Johannisbeermarmelade
oder eingemachte
Preiselbeeren

Den Äpfeln das Kernhaus ausstechen, die Hälfte von den Äpfeln dünn schälen, die übrigen ungeschält lassen. Alle zusammen in den kochenden Sud legen – sie sollen davon bedeckt sein – und leise kochen, bis sie gar sind, ohne dass sie die Form verlieren. Mit dem Schaumlöffel auf eine Platte stellen, mit Preiselbeeren füllen und warm stellen.

REHRÜCKEN IM BLÄTTERMANTEL

1 Rehrücken
Olivenöl
1/2 l Met
1/2 l Buttermilch
Pfeffer
5 Wacholderbeeren
die Blätter einer frischen
Sellerieknolle

GEMÜSEBETT
1 Karotte
1-2 Petersilienwurzeln
1 Stück Sellerie,
feingewürfelt

Den bratfertigen Rehrücken auf das Gemüsebett in eine Bratenpfanne legen, mit reichlich Olivenöl beträufeln und gut damit einreiben. Wacholderbeeren und schwarzen Pfeffer im Mörser zerstoßen und über dem Rücken verteilen. Die Sellerieblätter von den Stielen abzupfen und kurz blanchieren (mit kochendem Wasser übergießen).

Die abgetropften Blätter gut deckend auf den öligen Rücken »kleben« und ein paar Löffel Buttermilch darüber verteilen. Ein halbes Glas Met neben den Rücken gießen und alles in den auf 200° C vorgeheizten Ofen schieben. Nach 15 Minuten nachsehen. Ist von der Buttermilch auf dem Rücken nichts mehr zu sehen, diesen mit Met übergießen. Nach 15 Minuten wieder Buttermilch, dann wieder Met – bis Met und Buttermilch verbraucht sind.

Garzeit: pro Pfund eine halbe Stunde. Zum Schluss den Rücken auf eine Platte legen und im abgeschalteten, noch warmen Ofen 10 Minuten ruhen lassen. In der Zwischenzeit die Sauce durch ein Sieb gießen. 1-2 EL Mehl in Met oder Buttermilch verrühren und in der Sauce aufkochen lassen, mit Salz und Pfeffer abschmecken. Sind die Blätter zu unansehnlich oder zu dunkel geworden, nimmt man sie vor dem Anschneiden des Bratens ab.

WAHRSCHEINLICH BESTE ENTE DER WELT

Zugegeben, das Rezept hat viele Arbeitsschritte, aber es lohnt sich! Einen Tag vor Verzehr die Ente mit zusätzlicher Sojasauce ganz einreiben. Über Nacht an einen kühlen Ort hängen. Die Haut wird jetzt pergamentähnlich. Dann die Fettdrüsen abschneiden. Die Ente in reichlich Salzwasser 10 Minuten kochen. Wasser weggießen und Ente beiseite legen. Das Entenklein mit der Zwiebel in einem großen Topf anbraten. Alle Zutaten zusammen mit $3/4$ l Wasser dazugeben, aufkochen lassen und die Ente darin auf kleinster Flamme $1^{1}/4$ Std. garen. Vorsicht! Auf keinen Fall länger! Dann die Ente aus der Sauce nehmen und in vier Teile teilen. Eine große Bratpfanne (am besten einen Wok) sehr heiß werden lassen. Jetzt die Ententeile kurz in Schmalz und/oder Olivenöl anbraten, bis die Haut knusperbraun ist. Nach Belieben die Sauce durchsieben, mit Mehl und Sahne andicken oder so lassen. Die Erdnusssauce eignet sich auch ergänzend.

Wahrscheinlich ist ein Großteil der Entensauce übrig. Unangedickt kann man sie gut einfrieren und bis zur nächsten Ente aufheben. Sie wird immer besser, je mehr Enten in ihr gekocht wurden, und es spart Arbeit.

FÜR 4 PERSONEN

1 Ente mit Innereien (ansonsten Hühnerklein)
$1/8$ l Sojasauce
$1/8$ l Rotwein oder mittelsüßer Sherry
1 kleingehackte Zwiebel
1 feingehackte Knoblauchzehe
4 EL Kandiszucker
1 TL Salz
reichlich schwarzer Pfeffer
1 Stück Mandarinen- oder Orangenschale
1 Prise Anis
1 Prise chinesisches 5-Gewürze-Pulver
3 Scheiben Ingwerwurzel
1 Stückchen Sternanis

Waldelfentipp

*Am besten gelingt das Braten mit gemischten Fetten. Möchte man
z. B. beim Anbraten einen Buttergeschmack, ist es besser, erst ein wenig Sonnenblumenöl
in der Pfanne zu erhitzen und dann die Butter dazuzugeben (sie brennt so nicht an).
Öl und Schmalz wird zusammen heißer. Richtig gute Bratkartoffeln oder
Sauerkraut/Rotkraut brauchen dreierlei Fett: Öl, Butter, Speck oder Wurstfett...
Spritzt das Fett zu sehr, gibt man einige Körnchen Salz dazu. Schon hört's auf.
Bratkartoffeln werden viel knuspriger, wenn sie vor dem Braten
mit Mehl überstäubt sind.*

ROSENKOHL IN ERDNUSSBUTTERSAUCE

Zwiebel und Knoblauchzehe sehr fein schneiden und andünsten. Die Erdnussbutter dazugeben und mit dem Wasser und allen Zutaten aufkochen, mindestens $1/2$ bis $3/4$ Std. köcheln lassen, solange, bis das Wasser verdampft und eine dicke, cremige Sauce entstanden ist.

Währenddessen die Rosenkohlröschen kreuzweise einstechen und in heißem Salzwasser 20 Minuten garen. Wasser abschütten. Rosenkohlröschen in einer Schüssel servieren. Erdnusssauce dazu.

Rosenkohl
Salz
Wasser

$1/2$ Glas Erdnussbutter
1 kräftiger Schuss Sojasauce
1 Schnapsglas Fruchtessig
2 EL Honig
1 Tasse Wasser
1 Scheibe Ingwer
1 TL Salz
Cayennepfeffer
1 Lorbeerblatt
1 Knoblauchzehe
1 Zwiebel

Wacholder

Kremmetsbeeren, Kranawitten, Machandel, Reckholder

Wacholder ist ein 2-häusiges Nadelholz und wächst auf Heiden,
in heideartigen Gebüschgesellschaften, auf Magerrasen und an Waldrändern.
Die blauschwarzen Beerenzapfen reifen im 2.-3. Jahr.
Zur Ernte breitet man Tücher unter dem Baum aus und klopft die reifen Beeren aus.
Wacholderbeeren verleihen gekaut einen guten Atem und helfen bei Sodbrennen.
Ein Wacholderzweige-Bad wirkt Wunder bei Rheuma und Gicht, da es entgiftet.
Der Wacholderbusch bewacht den Übergang zwischen den Welten.
Ihm wird immer mal ein Geschenk gebracht, um die Türen zu öffnen.

FISCH UND BREI FÜR HOLDA

Holda wacht über die Schicksalsspinnerinnen. Was in den Raunächten nicht fertiggesponnen wird, zerstört sie. Ihr obligatorisches Opfermahl »Hering und Haber«, das sie wohlgesonnen stimmt, besteht in der 12. Raunacht aus Fisch und Brei: Man nimmt hierzu den ersten Heringsbissen mit einem Klecks Haferbrei, den zweiten mit einem Oatcake, den dritten mit einem Stück Brot ... und dann isst man weiter – ganz wie's beliebt.

GLASBLÄSERHERING

4 Salzheringe

MARINADE
1 Tasse weißer Essig
1 Tasse Wasser
1/2 Tasse Zucker
4 Lorbeerblätter
6 Pfefferkörner
8 Pimentkörner
1 EL Senfkörner

5 cm Meerrettichwurzel
5 cm Ingwer
2 rote Zwiebeln
1 kleine Lauchstange
1-2 Karotten

Die über Nacht gewässerten Salzheringe filetieren. Die Marinade aufkochen und 20 Min. auf kleiner Flamme simmern lassen. Die Gemüse in Scheibchen schneiden. Die Heringe in 3 cm breite Streifen schneiden, abwechselnd mit den Gemüsen in ein verschließbares Gefäß füllen (z. B. Weckglas) und mit der abgekühlten Marinade begießen, so, dass die Heringe ganz davon bedeckt sind. 2-3 Tage im Kühlschrank lassen. Dazu gibt's Oatcakes oder Hafergrütze bzw. Graupen.

MATJES IN DILLSAHNE

Die Matjesfilets kurz abspülen und abtropfen lassen. Die Zwiebelringe blanchieren und abtropfen lassen. Die Saucenzutaten gut verrühren. Matjes, Apfelwürfel und Zwiebeln abwechselnd in ein Gefäß schichten, die Dillsahne darüber verteilen und mehrere Stunden im Kühlschrank durchziehen lassen.

8 Matjesfilets
1 Zwiebel in Ringe geschnitten
1 Apfel, klein gewürfelt

100 g süße Sahne
100 g saure Sahne
100 g Joghurt
1/2 TL Zucker
1 Prise Salz
1/2 TL Pfeffer
1 Bund Dill, fein gewiegt

BURGUNDERHERINGE

Die Filets bis zu einer Stunde wässern (abhängig vom Salzgehalt). Die Zwiebeln in Ringe schneiden.

Die Marinade kochen, bis sich der Zucker aufgelöst hat. Die Zwiebelringe dazugeben und 5 Minuten mitkochen. Die Matjesfilets in ein Glas schichten und den erkalteten Sud darüber schütten. 2 Tage kühl durchziehen lassen.

8 Matjesfilets
5 rote Zwiebeln

MARINADE
1/4 l Burgunder
1/4 l Rotweinessig
200 g Zucker
5 schwarze Pfefferkörner
3 Gewürznelken
5 Wacholderbeeren
2 cm Ingwer
1 TL Senfkörner
2 Lorbeerblätter

ROTER HERING

Das Lorbeerblatt auf den Schüsselboden legen. Den in 2-3 cm breite Streifen geschnittenen Hering darauf mit den rote Beete-, Apfel- und Zwiebelwürfeln vermischen. Die angerührte Salatsauce darüber geben. Mindestens eine Stunde kühl ziehen lassen.

8 gewässerte Salzherings- oder Matjesfilets
300 g gekochte rote Beete, gewürfelt
300 g Äpfel, geschält, gewürfelt
1 kleine Zwiebel, gewürfelt
1 Lorbeerblatt

200 g süße Sahne
200 g saure Sahne
1 El Senf
1 EL Essig
1 Prise Pfeffer und Zucker

OATCAKES

Mehl und Salz in eine Schüssel geben, gut vermischen und in die Mitte eine Grube drücken. Die geschmolzene Butter und das kalte Wasser in die Grube gießen und alles gut durchkneten. Dann werden aus dem Teig mit mehligen Händen kleine Kugeln gerollt und ausgewellt. Jeweils in vier Teile schneiden, auf das Backblech legen und 20 Minuten bei 180° C backen. Eine gute Unterlage für Fisch aller Art!

2 Handvoll Weizenmehl
450 g Hafermehl (medium)
170 g Butter
1 Tasse kaltes Wasser
1 TL Salz

HAFERBREI AUS HAFERKÖRNERN

2 Tassen Haferkörner,
gedarrt
4 Tassen Wasser
Koriander
Fenchel
Salz
250 cl saure Sahne

2 Tassen gedarrten Hafer mit 4 Tassen Wasser aufkochen. Mit einer Prise Koriander und Fenchelsamen würzen, 20 Minuten köcheln lassen, dann erst salzen. Nach 50 Minuten Kochzeit bekommt man schönen, körnigen Hafer, der mit saurer Sahne verrührt wird. Man kann ihn eventuell mit Dill, Petersilie, (Brunnen) Kresse garnieren.

Waldelfentipp

Darren: das gewaschene, gut abgetropfte Getreide wird auf dem Backblech – ohne Fett – Bei 50-80° C 30 bis 60 Minuten gedarrt. Die Körner sollen gelb werden, nicht braun. Dadurch verringert sich die Kochzeit, die Körner schmecken besser, sind leichter verdaulich und länger haltbar.

ZIMTLIKÖR

5 Stangen Zimt
1/2 Stange Vanille
Orangenblütenwasser
500 g brauner Kandis
Erdbeer- oder
Himbeersirup
1 l Weinbrand

Die Vanillestange aufschlitzen und die Zimtstangen grob zerbrechen. Einige Spritzer Orangenblütenwasser dazu und den Kandiszucker obendrauf. Ein Schuss Sirup sorgt für eine warme Farbe. Weinbrand dazu und eine Weile schütteln. Sechs bis acht Wochen an einem warmen hellen Ort (z. B. auf der Heizung, in der Sonne) stehen lassen. 2 x täglich wenden oder schütteln. Jetzt wird der Likör gefiltert. Je länger er steht, desto besser entfaltet sich sein Aroma. Er wirkt magenstärkend, verdauungsfördernd und entgiftend. Zimt senkt den Blutzucker.

OMA IRMGARDS SYLVESTERSCHMAUS

2 Flaschen Malzbier
200 g Pfefferkuchen
(Saucenlebkuchen ohne
Zucker)
250 g Pastinaken
1 Tasse Essigwasser
1 Lorbeerblatt
5-6 Pimentkörner
1 große Zwiebel
1 Tasse Rauchfleisch-
brühe aus ausgekochtem,
durchwachsenem Speck
200 g Butter

Die Pastinaken werden im Bier, den Gewürzen und etwas Wasser gargekocht. Die Pfefferkuchen unterdessen im Essigwasser eingeweicht und durch ein Sieb passiert. 150 g Speck in einer Tasse Wasser auskochen und die Butter darin schmelzen. Zum Schluss schmeckst du die Sauce mit Essig, Zucker und Salz ab. Dazu gibt es dreierlei Wurst – Weißwurst, Wiener Würste und geräucherte polnische Würste. Die polnischen werden rundum angepiekst und in die Sauce gelegt. Noch schnell Sauerkraut kochen und Kartoffeln – dann sorgt die Speise für Reichtum während des ganzen kommenden Jahres. Man kann dieses Gericht beruhigt mehrere Tage hintereinander aufwärmen. Es schmeckt immer besser.

SAUERKRAUT

1 kg Sauerkraut
50 g Speck
(1 EL Schweineschmalz)
1 Zwiebel
1 Apfel
1 EL Mehl
Wacholderbeeren
Kümmel
1 Glas Weißwein

Die Zwiebel in Speck und/oder Schweineschmalz anbraten, mit einer Tasse Wasser ablöschen. Den geraspelten Apfel, die zerdrückten Wacholderbeeren, eine Prise Kümmel und das Sauerkraut dazugeben. Zugedeckt auf kleinster Flamme schmoren lassen. In der letzten halben Stunde das Mehl dazugeben. Zum Schluss den Wein.

OMI GUSTIS GEBACKENES SYLVESTERKRAUT

Die Krautblätter ablösen und ca. 7-10 Min. in Wasser kochen. In ein Sieb schütten und die Blätter entlang der Rippen in Stücke schneiden. Die Bratwürste enthäuten und die Füllung in einer Pfanne flach drücken. Von beiden Seiten im Schmalz anbraten. Einen Bräter mit Schmalz einfetten und eine dicke Schicht Blätter hineinlegen. Mit Salz, Pfeffer und Muskat würzen. Einige Tropfen Maggi darüber träufeln. Jetzt das Mett darauf legen und eine weitere Schicht Weißkraut. Etwas Schmalz darüber geben und bei 200° C 20 Minuten mit geschlossenem Deckel im Ofen braten. Dann den Deckel abnehmen, noch etwas Schmalz drauf geben und weitere 30 Minuten braten. Das Sylvesterkraut sorgt ebenfalls für Geld während des kommenden Jahres.

Weißkraut
Schmalz
Bratwürste
Salz
Pfeffer
Muskat
Maggi

OMI GUSTIS GEBACKENES SAUERKRAUT

Auch dieser Auflauf gewährt Reichtum fürs ganze Jahr. Sauerkraut kochen. Kartoffelbrei aus gekochten Kartoffeln, ein wenig Brühe, Milch, Butter und Sahne zubereiten. Mit Salz, Pfeffer, Muskat abschmecken. Bratwürste aufschlitzen und die Fleischmasse braten. Unter das Sauerkraut mischen. Schichtweise abwechselnd das Sauerkraut und den Kartoffelbrei in eine Auflaufform füllen und mit den gerösteten Zwiebeln und Butterflöckchen bedecken. Eine 3/4 Stunde bei 175° C im Backofen backen.

Sauerkraut
Kartoffelbrei
geröstete Zwiebeln
Bratwürste

Tipp der Gnome

Wurst lässt sich leichter enthäuten,
wenn man sie kurz unter kaltes Wasser hält.

OBSTSAUERKRAUT

Das Kraut, das Obst und die Gewürze werden zusammen in etwas Butter gedünstet. Eventuell mit etwas Apfelsaft aufgießen. Zum Servieren einen Löffel eingekochte Preiselbeeren oder Johannisbeeren auf jede Portion setzen.

500 g Sauerkraut
250 g kleingeschnittene Birnen
250 g kleingeschnittene Äpfel
1 EL Hagebuttenmark oder 1 Handvoll Hagebutten (halbiert, Samen entfernt)
1 TL Zucker oder Honig
5 Wacholderbeeren
1 Tasse Weintrauben
2 EL Butter

WINTER-ROTKRAUT

1 Rotkohl
Schweineschmalz
4 EL Essig
3 EL Johannisbeer-
marmelade
3 Nelken
Kristallsalz
Zucker
1 Zwiebel
1 Apfel
1 Tasse Brühe
1 Glas Rotwein
1 EL Mehl

Rotkraut erdet und wärmt die Seele. Den Krautkopf fein hobeln und im Schweineschmalz zusammen mit der gehackten Zwiebel, dem geraspelten Apfel, Salz, der Johannisbeermarmelade und dem Essig andünsten. Die Brühe dazugeben und mit den Nelken würzen. Nach einer Stunde mit Zucker abschmecken. Zum Schluss, wenn das Rotkraut richtig weich ist, den EL Mehl und den Rotwein dazugeben und noch 1/4 Std. mitkochen. Auf jeden Fall einmal aufwärmen, bevor es verspeist wird.

ROTKOHL MIT ROSINEN UND NÜSSEN

1 kg Rotkohl
1 Zwiebel
2 Äpfel
1 TL Zitronensaft
100 g Rosinen
200 g Haselnüsse
50 g Butter oder Öl
1/8 l Rotwein
3 EL Rotweinessig
1/8 l Johannisbeersaft
3 Nelken
1 EL Zucker, nach
Geschmack
Salz
1 Messerspitze Piment
Johannisbeergelee zum
Abschmecken.

Den Kopf vierteln und fein hobeln. Die Zwiebeln fein schneiden. Die Äpfel vierteln und ohne Kerngehäuse in Scheiben schneiden. Mit Zitronensaft beträufeln.

Die Butter zerlaufen lassen, Zwiebeln und Äpfel darin kurz anschmoren. Das Kraut, die Rosinen, Nüsse und Gewürze dazugeben. Mit Wein, Essig und Johannisbeersaft aufgießen. Mit wenig Hitze 1 1/4 bis 1 1/2 Stunden weich kochen. Zum Schluss salzen und abschmecken.

MOHNPIELEN MIT GLÜHWEINSAUCE

150 g Rosinen
3 cl Orangenlikör
400 g Mohn
200 g Zucker
900 ml Milch
500 g alte Brötchen
oder Toastbrot
50 g gehackte Mandeln

Die Rosinen im Orangenlikör für 1/2 Std. einweichen. Den Mohn mit 100 g Zucker und den Rosinen in 400 ml Milch aufkochen und dann quellen lassen. Die alten Brötchen klein hacken und in eine Schüssel geben. Mit dem restlichen Zucker bestreuen und mit 1/2 Liter warmer Milch übergießen. Den Brötchenteig gut verkneten. Mandeln in Butter rösten und unter die gequollene Mohnmasse mischen. In eine Auflaufform werden jetzt, abwechselnd mit dem Brötchenteig beginnend, Mohnmasse und Brötchenteig geschichtet. Die oberste Schicht ist Mohn. Die Mohnpielen über Nacht im Kühlschrank zugedeckt ziehen lassen und dann in Scheiben schneiden.

GLÜHWEINSAUCE

200 g Zucker
2 Nelken
1/2 Zimtstange
Schale einer Zitrone
50 g Maismehl
(Speisestärke)
1 Flasche Rotwein

Den Zucker in 200 ml Wasser mit den Nelken, der Zimtstange und der Zitronenschale aufkochen. Die Speisestärke einrühren. Die Sauce ein wenig abkühlen lassen und den Rotwein langsam dazugeben. Durch ein Sieb gießen. Am besten schmeckt die Sauce warm über die Mohnpielen gegossen.

IRISCHER CHRISTMASPUDDING

Den Rindertalg sehr fein hacken. Gewaschene Rosinen und Korinthen 1/2 Std. im Whisky einweichen und dann herausnehmen. Zitronat, Orangeat, Mandeln und kandierte Kirschen klein schneiden. Den Rindertalg mit dem Mehl, den Semmelbröseln, dem Zucker, der geriebenen Zitronenschale, den Gewürzen, Rosinen und Korinthen und einer Prise Salz vermischen. Jetzt den Zitronensaft und den Orangensaft dazu geben und die Milch. Die Eier mit dem Whisky verquirlen und unter den Teig ziehen. Die Masse in eine Kranzform füllen, so dass sie etwa 5 cm unter dem Rand abschließt. Mit Alufolie verschießen und 4 Std. im Wasserbad garen lassen. Vorsicht: Die Form darf dabei nicht den Boden berühren. Den fertigen Christmaspudding dick in Alufolie einwickeln. Er muss mindestens 6 Wochen an einem kühlen Ort ziehen. Deshalb bereitet man ihn am besten schon zu Halloween zu. Zur Wintersonnenwende schmeckt er dann im Wasserbad aufgewärmt mit:

FÜR 8-10 PERSONEN

Keine Angst vor den merkwürdigen Zutaten! Es schmeckt wunderbar...

100 g Rindertalg
1 Prise Salz
150 g Korinthen
150 g Rosinen
50 g Zitronat
50 g Orangeat
100 g gehäutete Mandeln
100 g kandierte Kirschen
100 g Mehl
150 g Semmelbrösel
100 g brauner Zucker
Saft und Schale einer Zitrone
2 Messerspitzen Zimt
2 Messerspitzen Nelken
Saft einer Orange
3/4 l Milch
3 Eier
1/2 Glas Whisky

WHISKYBUTTER

Die Butter mit dem Zucker und Vanillezucker sehr schaumig rühren und den Whisky dazugeben. Die Whiskybutter in ein Schälchen füllen und kalt stellen. Sie schmilzt dann über dem erwärmten Christmaspudding. Christmaspudding darf niemals kalt werden, dann schmeckt er nicht!

100 g Butter
100 g Zucker
1 Päckchen Vanillezucker
3 cl Whisky

LEBKUCHEN

Die Eier mit dem Zucker schaumig rühren. Mit den restlichen Zutaten vermengen und ziemlich lange kneten. Den Teig 1/2 cm dick auf dem Backblech ausrollen und in längliche viereckige Stücke schneiden. Kühl stellen und erst am nächsten Tag backen. Den noch warmen Teig mit Zucker-Rum-Wasser glasieren und mit Mandeln oder Nüssen verzieren.

4 Eier
500 g Zucker
2 Messerspitzen Hirschhornsalz
125 g gehackte gemischte Nüsse
abgeriebene Zitronenschale
1 TL Zimt
1 Messerspitze Nelken
1 Schnapsglas Kirschwasser
750 g Mehl

Waldelfentipp

Weihnachtsplätzchen und Lebkuchen schmecken besser, wenn man das Backblech mit einer Bienenwachskerze einfettet. Dazu wird das Blech kurz im Ofen erwärmt und dann die Kerze waagerecht fest darüber gerollt.

*Imbolc
Lichtmess*

Lichtbringerin

*Weiß, licht und rein
strahlend hell und zart
kristallklar
frei
wachsen der Hoffnung
Flügel
zum Wohle aller
segensvoll
inspiriert
manifest
ist das Sein*

Imbolc bedeutet »im Schoß«. Nachdem der Lichtsame im Schoß der Dunkelheit heranreifte, ist nun die Zeit gekommen, ihn mit der Kraft der Inspiration aufzuwecken, so dass er heraustreten und sich äußerlich sichtbar manifestieren kann. Brigid, die weißgekleidete Lichtbringerin des anglosächsischen Raums, die häufig einen strahlenden Kerzenkranz trägt, ist in ihrem jungfräulichen Mädchenaspekt der großen Göttin dafür zuständig.

Als solche hütet sie auch den inspirierenden Kessel der Wiedergeburt. Sie gilt als Göttin der Dichtkunst, des Heilens und der Kunst des Schmiedens. Ihre Kraft hält das Feuer am Brennen und versorgt die Menschen mit Lebendigkeit und Mut. Als Jahreszeitengöttin teilt sie den Winter. Die Tage des Jahres werden ab ihrem Festtag wieder deutlich sichtbar länger und das Ende der Zeit des künstlichen Lichts ist gekommen. Grund genug, um den Segen des Lichts mit weißen Kerzen und geflochtenen St. Brigid-Kreuzen in Form einer Swastika (Sonnen-Mondrad) zu verteilen, so wie es heute noch in Irland Brauch ist. Als verheißungsvolle Sonnengöttin konnte Brigid die Sonnenstrahlen so ummänteln, dass der Ort des Sonnenaufgangs wie leuchtendes Feuer erstrahlte. Am Tag der Brigid werden Feuer entzündet und es findet eine innere Reinigung mit Quellwasser statt. Altes wird weggewaschen, die winterliche Zeit der innerlichen Klärung ist vorbei. Neues kann in aller Frische aufgenommen und begrüßt werden. Die kommende Wärme des folgenden Jahres wurde in alten Zeiten durch das Quellbad der »Königin des Himmels« initiiert. Junge Mädchen wurden in die Geheimnisse des Pflanzens, der Sexualität und Geburt eingeweiht. Brigids Botschaft ist die zuversichtliche Vorankündigung – die Gewissheit verleiht, dass wieder bessere Zeiten kommen werden. Die sie begleitenden Tiere sind Kuh, Mutterschaf und Hahn. Ihr Fest hat noch einen anderen, späteren Namen, »Óimelc«, was bedeutet, dass zu dieser Zeit das Säugen der Lämmer beginnt. Milch fließt nun wieder auf den Weiden, denn die ersten Kälbchen und Lämmer sind geboren. Das der Lichtbringerin geweihte Getränk ist Milch und Honig. Die gesüßte Milch soll uns an die nährende Kraft der Muttergöttin erinnern, die auch durch die gesamte Milchstraße fließt. Wenn wir Brigid oder Lichtmess feiern, feiern wir den hellen, lichten Mädchenaspekt in uns. Ihr zu Ehren werden Kuchen aus dem Korn der ersten und letzten Ernte gebacken und geweihte Kerzen entzündet, die die Namen ihrer Anhängerinnen tragen und damit neue inspirierende Wünsche für das, was in der dunklen Zeit herangereift ist, ausgesprochen. Die Zeit um Lichtmess und der Vollmond im Februar ist von Inspiration beflügelt. Je klarer sich die Wünsche formulieren, desto befruchtender kann sich der lichtbringende Segen auswirken. Nach einem alten keltischen Gedicht wird zur Lichtmess jede Nahrung der »Ordnung gemäß« versucht. Dies bedeutet, dass zum Fest aus allen Bereichen ein »repräsentativer« Bissen vorhanden sein sollte. Aus über und unter der Erde, aus Wasser und Luft: Wurzeln, Samen und Früchte, Fische, Vögel, Landtiere, Milchprodukte, Eier. Anfang Februar gehen die für den Winter eingelagerten Vorräte langsam zu Ende. Es gibt noch Kohl und Rübengewächse und die letzten eingelagerten Karotten, eingelagerte Äpfel und Birnen, sogar frische Pflaumen und natürlich Nüsse, unter den Fischen sind es Zander, Barben, Hechte, Karpfen, Makrelen. Jagdbares Wild ist Reh-, Rot-, und Schwarzwild. Geflügel zu dieser Zeit kommt vom Hühnerhof. Die Blätter der Brunnenkresse können das ganze Jahr über gesammelt werden.

Zur Feier schmücken die Frühlingsvorboten den Tisch. Primeln, Schneeglöckchen, Hyazinthen, weiße Tischdecken, Kerzen und Watte, Muscheln, Bergkristalle und Schalen mit frischem Wasser gefüllt laden das Neue ein, an die innere Unschuld erinnernd und an die Möglichkeit, immer wieder von ganz von vorne anzufangen. In der Mitte eine weitere Schale gefüllt mit guten Wünschen für die Zukunft, die nach dem Mahl der Lichtbringerin mit der Bitte um Inspiration zum Gelingen durch das Feuer übergeben werden. Weiße, helle, leichte lichte Speisen ihr zu Ehren, helle lichte Kleidung.

Lichtmesspflanze: Birke

*Bhereg bedeutet umhüllender Glanz. Die Birke ist verbunden mit Reinheit,
Licht und Neuanfang. Birkensaft entschlackt, reinigt das Blut, stärkt die
Nieren und Harnorgane. Birkenrindenöl bringt den Frühling in den Körper.
Ein Birkenzweig mit einem roten Band geschmückt wendet den bösen Blick
ab. Birkenblätter flüstern mit der Stimme der Frühlingsgöttin. Die Birke hilft,
wahrhaftig sich selbst gegenüber zu sein und zu unterscheiden,
ob andere die Wahrheit sprechen. Zur ungetrübten Wahrnehmung
oder um sich über eine Situation klar zu werden,
schnitzt man sich einen Birkenstock. Hexenbesen sind
aus den Ästen der Birke gebunden.*

BIRKENHONIG

Rinde von Birkenzweigen mit dem Taschenmesser aufschlitzen, Zweige zerkleinern, Glas füllen, mit Honig auffüllen, sechs Wochen später durch Nesselstoff filtern.

BIRKENWEIN

4,5 l Birkensaft
3 Pfund Zucker
1 Pfund Rosinen
30 g Mandeln
15 g Weinstein (grob)

Birkensaft, Zucker und Rosinen werden 20 Min. gekocht und in einen Bottich gegossen (z. B. Steingut). Der Weinstein kommt dazu. Nachdem die Flüssigkeit einige Tage fermentiert hat, wird sie abfiltriert und in ein Fass geschüttet, zusammen mit den Mandeln, die in einem Baumwollsäckchen verschnürt sind. Nachdem die Fermentation beendet ist, wird der Mandelbeutel herausgenommen und das Fass verspundet. Nach frühestens fünf Monaten kann der Wein in Flaschen abgefüllt werden, die stehend, kühl und dunkel gelagert werden sollten.

Ende März oder später – je nach Frühlingswetterlage – bohrt man zur Gewinnung des Safts ein Loch in einen Birkenstamm und setzt eine Ablaufröhre/einen Hahn hinein. Der Birkensaft läuft 2- 3 Tage, ohne den Baum zu schädigen. Dann wird das Loch mit einem Stopfen verschlossen und kann im nächsten Jahr wieder benutzt werden.

BAILEYS LIKÖR

Alle Zutaten mischen und gut schütteln. Über Nacht im Kühlschrank ziehen lassen und erneut schütteln. Sollte bald getrunken werden.

500 ml Sahne
250 ml Korn
125 g grober Zucker
1 Päckchen Vanillezucker
2 cl Weinbrand
2 cl brauner Rum
1 EL Instant Kaffeepulver

VANILLELIKÖR

Die Vanillestangen aufschlitzen und mit dem Wodka übergießen. Acht Tage an der Sonne stehen lassen. Dabei täglich zweimal schütteln. Dann die Flüssigkeit filtern. Den Honig im warmen Cognac auflösen. Abkühlen lassen und dazugeben. Die Eigelb mit dem Zucker 10 Minuten lang schlagen und den Likör langsam zugießen. Kann sofort getrunken werden.

4 Stangen Vanille
$^3/_4$ l Wodka
300 g Zucker
150 g Honig
$^1/_4$ l Cognac
6 Eigelb

STECKRÜBENSUPPE

Steckrüben und Zwiebeln fein würfeln und in der Butter andünsten. Mit dem Mehl bestäuben und mit Gemüse/Fleischbrühe aufgießen. In 25 Minuten gar kochen. Mit der Prise Zucker, Muskat, Pfeffer und Salz würzen. Sahne, fein geschnittene Petersilie und Käse vor dem Servieren in die Suppe rühren.

FÜR 12 PERSONEN

$1^1/_2$ Steckrüben
3 Zwiebeln
9 EL Butter
6 EL Mehl
3 l Fleischbrühe oder Gemüsebrühe
Salz
gemahlener weißer Pfeffer
Muskat
$^3/_4$ l süße Sahne
3 Bund Petersilie
12 EL geriebener Käse
1 Prise Zucker

HÜHNERSUPPE FÜRS IMMUNSYSTEM

Die Fettdrüsen des Suppenhuhns abschneiden und das Huhn in einen Topf mit 2 l sprudelnd heißem Wasser legen. Salz und Pfeffer dazu und mindestens 2 Std. kochen. Dann Karotten und Lauch, kleingeschnitten hinzugeben. Den Ingwer hacken und hinein in den Topf. Eine weitere halbe Stunde kochen. Dann die Kräuter hacken und zusammen mit dem Koriander und den Chilischoten dazufügen. Mit Zitronensaft abschmecken. Noch eine Viertelstunde und fertig ist die Suppe. Falls zu viel Wasser verkocht ist, noch etwas auffüllen. Die Suppe stärkt das Immunsystem und vermag Schwermetalle aus dem Körper zu schwemmen. Vertreibt die Winterschwäche und Erkältungen.

FÜR 10 PERSONEN

1 Suppenhuhn
2 l Wasser
3 Karotten
2 Stangen Lauch
$^1/_2$ Zitrone
1 Bund Petersilie
einige Blätter Liebstöckel
einige Blätter Zitronenmelisse
Koriander
1 Scheibe frischer Ingwer
Salz
Pfeffer
3 Chilischoten

Tipp der Gnome

Gekochtes Huhn kommt am besten in sprudelnd heißes Wasser, da sonst das Fleisch durch die langsame Erwärmung zu sehr auslaugt.

EIERSTICH

4 Eier
Salz
Pfeffer
Petersilie
1 EL Butter

Die Eier mit Salz und Pfeffer und der Petersilie schlagen. Eine verschließbare Form mit Butter ausreiben, die Eimasse hinzufügen und im Wasserbad ca. 10 Minuten stocken lassen. Vorsichtig herausnehmen und in kleine Würfel schneiden. In die warme Hühnersuppe gleiten lassen.

FASAN AUF MANDARINENSCHEIBEN

FÜR 4 PERSONEN

1 Fasan
2 große Mandarinen
12 Baconstreifen
1 Glas Sherry
1/2 Flasche Weißwein
weißer Pfeffer
Kristallsalz
1 EL Mehl
1/2 Becher süße Sahne
Grand Manier

Fasan gibt's eigentlich im Februar nicht frisch. Da er aber gewöhnlich eingefroren besser schmeckt und dieses Gericht einen sehr lichten Geschmack hat, findet es hier Platz: Den Fasan in vier Teile trennen und diese mit weißem Pfeffer einreiben. Mandarinen schälen und quer in Scheiben schneiden. Den Boden des Bräters mit Mandarinenscheiben auslegen. Fasan draufsetzen. Mit geriebener Mandarinenschale betreuen, mit weiteren Mandarinenscheiben belegen und diese mit Baconstreifen ganz zudecken. Mit Sherry begießen. Den Backofen auf 180° C vorheizen. Den Bräter auf die unterste Schiene schieben. Alle 20 Minuten mit dem fruchtigen Weißwein übergießen. Nach 45 Min. eventuell die Baconscheiben auswechseln. Nach weiteren 45 Minuten etwas Grand Marnier über den Fasan gießen und noch 5 Minuten im Ofen mitgaren. Erst zum Schluss salzen. Nach Geschmack die Sauce mit der mit Mehl verrührten Sahne andicken.

MANDELREIS

Eine Tasse Reis auf
zwei Tassen Wasser
oder Gemüsebrühe
Mandel
Butter
Salz

Basmatireis kochen. Einen TL Salz dazugeben. Der Reis ist fertig, sobald kleine Mulden entstehen, nachdem das Wasser verkocht ist. In einer Pfanne auf kleiner Flamme Mandeln in Butter rösten, sie sollen dabei noch hell bleiben. Die Mandeln in den fertigen Reis rühren. Ein wenig Butter hineinschmelzen.

Waldelfentipp

Während der Reis kocht, niemals den Deckel heben.
Dann klumpt er nicht.

BRIGIDHUHN MIT SCHWARZWURZELN

Das Suppengrün grob zerkleinern und mit dem Huhn in kochendes Wasser legen. Während der ersten 15 Minuten Kochzeit den Schaum abschöpfen. Die Zwiebel schälen, mit Lorbeer und Nelken spicken und in die Brühe geben. 30 Minuten schwach kochen lassen. Die Schwarzwurzeln schälen und sofort in Essigwasser legen, danach in 5 cm lange Stücke schneiden und mit dem Hühnchen zusammen 30 Min. kochen. (Falls die Hände schwarz geworden sind, diese gleich mit einer Essiglösung waschen.) Das Hühnchen aus der Brühe nehmen, entbeinen, enthäuten und in Stücke schneiden. $^1/_4$ l von der Brühe abnehmen und durch ein Sieb gießen. Mehl und Milch vermischen, in der abgemessenen Brühe verrühren und 10 Min. leicht kochen. Saure Sahne und Gewürze in der Sauce verrühren. Das Fleisch, die Schwarzwurzeln und die Kapern in die Sauce geben und durchziehen lassen. Mit Petersilie bestreut servieren. Die Schwarzwurzel gilt für den Körper als eines der wertvollsten Gemüse. Es lohnt der Mühe!

1 Hühnchen
Suppengrün
(1 Stück Sellerie, 1 Karotte,
1 Petersilienwurzel,
1 Stück Lauch)
2 l Wasser
1 TL Salz
1 Zwiebel
1 Lorbeerblatt
3 Nelken

1 kg Schwarzwurzeln
7 EL Essig
3 EL Mehl
5 EL Milch
3 EL Kapern
1 Tasse saure Sahne
1 Prise weißer Pfeffer
1 Prise Muskat
5 EL gehackte Petersilie

Waldelfentipp

Schwarzwurzeln lassen sich viel leichter schälen, wenn sie kurz in kochendem Wasser mit ein wenig Zitronensaft angekocht werden. Abkühlen lassen und schälen...

NUSSNOCKEN

Quark und Eier gut miteinander verrühren. Nüsse, Mehl und Semmelbrösel untermischen und die Masse etwas ruhen lassen.

Mit einem feuchten Esslöffel Nocken abstechen. Diese in der Handfläche glätten, ohne sie vom Löffel zu nehmen und mit dem Löffel ins kochende Wasser legen. 20 Minuten in siedendem Wasser gar ziehen lassen.

FÜR 8 PERSONEN

500 g Magerquark
4 Eier
2 EL Semmelbrösel
4 EL Weizenmehl
8 EL geröstete, geriebene
Haselnüsse oder Walnüsse
reichlich kochendes
Salzwasser

IRISCHES SALBEI-HUHN

FÜR 4 PERSONEN

1 Huhn
6-7 Salbeiblättchen
1 Bund Petersilie
etwas Schnittlauch
Pfeffer
Salz
Paprikapulver
4 EL Olivenöl
1 Knoblauchzehe
1 Zwiebel
Semmelmehl

dunkle Bratensauce
einige Prisen Zucker
1 EL Butter
1 Schuss Sherry oder
Guinness
1 Schuss Zitronensaft
Petersilie
Worchestersauce
Salz, Pfeffer

Das Huhn waschen. Fettdrüsen mit der Schere abschneiden. Olivenöl mit Pfeffer, Salz und Paprika in einem Schälchen mischen. Das Huhn damit kräftig einreiben. In einer Schüssel 2 Tassen Semmelmehl, klein geschnittene Salbeiblättchen, Petersilie, Schnittlauch, die zerdrückte Knoblauchzehe und die gewürfelte Zwiebel mischen. Mit der Mischung das Huhn füllen. Den Backofen auf 150° C vorheizen. Das Huhn in einem Bräter auf die unterste Schiene schieben. Nach 45 Minuten noch einmal mit der Olivenölmischung einpinseln. Nach weiteren 45 Minuten ist das Huhn fertig. Es kann aber auch ruhig länger im Ofen bleiben. Aus dem Bratfett eine Sauce machen. Eine Prise Zucker und etwas Wasser in das Fett geben und ein wenig dunkles Bratensaucenpulver hineinlösen. Zitrone dazuträufeln, einen Schuss Sherry/Guinness und frische Petersilie einstreuen. Mit Worchestersauce, Salz und Pfeffer abrunden. Eine Begleiterscheinung dieses Huhns ist, dass es immer genug ist. Manchmal reicht es auch für 10 Personen.

ROSMARINKARTOFFELN

Ungeschälte Kartoffeln mit Olivenöl-Rosmaringemisch bestreichen und zusammen mit dem Huhn auf einem Blech garen.

Rosmarin

*Rosmarin sorgt für Liebe und Schönheit, stärkt das Gedächtnis,
inspiriert GeschichtenerzählerInnen. Rosmarinkränze schmücken Lichtbräute
und wirken über der Tür angebracht gegen böse Kräfte.
Ansicht der alten Zeit war, dass Rosmarin den Frauen die Kraft
verleiht, weise Führung zu übernehmen.
Rosmarin eignet sich gut zum Räuchern.*

MURMELCHENS HÜHNERFRIKASSEE

Das Huhn ca. $^3/_4$ Stunde kochen. Abkühlen lassen, häuten und das weiße Fleisch in großzügige Stücke zupfen. Das Wasser aufheben. Die Pilze in Scheiben schneiden und so in Butter andünsten, dass sie dabei hell bleiben. Mit Salz und Pfeffer würzen und einen Schuss Zitronensaft dazugeben. In einem großen Topf eine Mehlschwitze aus Butter und drei EL Mehl bereiten. In die sehr dicke Creme vorsichtig einige Tropfen heißes Huhnwasser geben, dabei mit dem Schneebesen kräftig rühren. Dann langsam (!) mehr Wasser dazugeben, ca. eine Tasse. Die Flüssigkeit sollte noch sehr dick sein. Mit Milch auffüllen, bis eine cremige Sauce entsteht. Pilze und Hühnerfleisch dazugeben. Die Sauce mit Salz, Pfeffer, Muskatnuss, einem Schuss Zitronensaft, einer Prise Zucker, Maggi und Worchestersauce abschmecken. Die Petersilie fein hacken und unterrühren. Zum Schluss ein kleines Gläschen Weißwein dazugeben. Mit Petersilienkartoffeln servieren.

1 Huhn
Pilze
Butter
3 EL Mehl
Milch
Süße Sahne
Muskat
Salz
Weißer Pfeffer
Zucker
Zitronensaft
1 kleines Glas trockenen Weißwein
Worchestersauce oder Maggi
Petersilie

Waldelfentipp

Ist eine Sauce zu fett geraten, kann man eine Scheibe trockenes Weißbrot hineinlegen. Einen Moment warten, bis sich das Brot mit dem Fett vollgesogen hat. Dann die Scheibe wieder herausnehmen.

FEDER UND FLOSSE

Lachsscheiben und Hähnchenbrüste in eine Auflaufform legen, mit Wein beträufeln und ziehen lassen. Den Ofen auf 200° C vorheizen. Wein angießen, so dass die Scheiben knapp bedeckt sind. Mit Alufolie abdecken und 15 Minuten in den Ofen stellen. Das Fleisch und den Fisch herausnehmen, auf eine Platte legen und abkühlen lassen. Haut und Gräten von den Lachsscheiben entfernen, zwei der Lachsscheiben halbieren.

Sardellenfilets und eine Scheibe Lachs pürieren, Eigelb zugeben, bei laufendem Mixer das Öl nach und nach zugießen, ebenso den Zitronensaft. Mit Salz und Pfeffer abschmecken. Den Weinsud zugeben und weiterrühren. Falls die Sauce zu dick wird, etwas Milch oder Wasser dazugeben. Die Sauce über die erkalteten Fleisch- und die halbierten Fischscheiben verteilen. Mit Kapern garnieren.

FÜR 4 PERSONEN

3 Scheiben Lachs
4 Hähnchenbrüste
Weißwein
4 Sardellenfilets
$^1/_8$ l Olivenöl
2 Eigelb
1 $^1/_2$ EL Zitronensaft
Salz, Pfeffer
Petersilie

Waldelfentipp

Der Fischgeruch verschwindet wieder aus Pfannen und Töpfen, wenn man in ihnen eine Weile Salzwasser oder Kaisernatron köcheln lässt.

WALISISCHE KÄSE-NUSS-KROKETTEN

FÜR 10 PERSONEN

225 g geriebener
Cheddarkäse
3 Tassen gemahlene
Nüsse
6 Tassen frisches
Semmelmehl
3 kleine scharfe Zwiebeln
3 TL gehackte Petersilie
eine große Prise Muskat
3 geschlagene Eier
Salz
Pfeffer
Milch nach Bedarf

Alle Zutaten bis auf die Milch in einer Schüssel vermengen. Soviel Milch zufügen, bis eine dicke Paste entsteht. Mit bemehlten Händen daraus kleine Kroketten rollen und diese auf ein gefettetes Backblech legen. Im Backofen auf unterster Schiene bei 180° C 20 Minuten lang backen.

FLAMMKUCHEN MIT BRUNNENKRESSE

TEIG
125 ml Wasser
200 g Weizenmehl
200 g Roggenvoll-
kornmehl
1/2 TL Salz
1 TL gemahlener
Koriander
6 EL Milch

BELAG
3 Zwieben
Speck nach Belieben
250 g Quark
2 Eigelb
1 EL Olivenöl
125 g Schmand
Salz
Pfeffer
Muskatnuss
Einige Hände voll
Brunnenkresse

Aus den oberen Zutaten einen Teig kneten. (Besser schmeckt's mit Sauerteig, s. Seite 129). Falls es ein Hefeteig ist, dann sollte dieser 20 Minuten aufgehen. Der Sauerteig kann gleich weiterverwendet werden. Den Teig ausrollen und auf dem Backblech mit einem Rand versehen. Der Hefeteig muss noch mal 20 Minuten gehen, der Sauerteig nicht. Die sehr fein geschnittenen Zwiebeln in den winzig klein geschnittenen Speckwürfeln anbraten. Den Quark mit den Eigelb und dem Schmand verrühren und würzen. Die Masse auf dem Teig verteilen und Zwiebeln und Speck oben drauf. Bei 225° C auf der untersten Ofenschiene 15 Minuten backen. Den goldgelben Kuchen dick mit Brunnenkresse bestreuen.

MAINZER SPUNDEKÄS'

FÜR 10 PERSONEN

1 kg Quark
2 Becher saure Sahne
2 Becher Schmand
2 Philadelphiakäse á 300 g
1 Butter
3 Zwiebeln
3-4 rohe Eigelb
Ein Schuß Olivenöl
mindestens
3 EL Paprikapulver
Salz
Pfeffer

Die Butter mit dem Philadelphiakäse und den Eiern schaumig schlagen. Quark, saure Sahne, Schmand und sehr fein geschnittene Zwiebeln dazugeben. Den Schuss Olivenöl einrühren und die Gewürze dazu. Jetzt hat die Mischung eine rötliche Färbung. Der Spundekäs' sollte einige Stunden, am besten über Nacht ziehen. Vor dem Servieren werden die rohen Eigelb hinzugefügt. Dazu gibt's kleine Salzbrezeln.

LICHTMESS-KÄSEGEBÄCK

Der Käse wird mit der Gabel zerdrückt und mit allen Zutaten zu einem glatten Teig verknetet. Dann ruht er 30 Minuten im Kühlschrank. Anschließend wird er 1 cm dick ausgerollt und in kleine Dreiecke geschnitten. Die einzelnen Dreiecke kommen aufs gefettete Blech und werden mit dem Eigelb, das mit der Milch verrührt wurde, eingepinselt. Kümmel drauf oder ein Walnussstück nach Belieben. 10 Minuten auf der mittleren Schiene bei 180° C backen.

70 g Rochefort
50 g Butter
50 ml Sahne
1 EL Cognac
100 g Mehl
1 Prise Salz
1 Prise schwarzer Pfeffer

1 Eigelb zum Bestreichen
1 EL Milch
Kümmel
Gehackte Walnüsse

LICHTMESS KÄSE-GOUGÈRES

Milch, Salz, Pfeffer, Muskatnuss und Butter in einem Topf kochen. Vom Herd nehmen und das Mehl dazu mischen. Den Topf zurück auf den Herd stellen und den Teig unter ständigem Rühren zu einem Kloß abbrennen. Den Topf wieder vom Herd nehmen und nach und nach die Eier, den Käse und die Sahne unterrühren. Den Teig mit 2 Teelöffeln als kleine Häufchen auf dem gefetteten Backblech verteilen. Bei 200° C 20-22 Min. auf der 2. Schiene von unten backen. Die Gougères schmecken warm und kalt.

$^1/_2$ l Milch
2-3 TL Salz
frischer Pfeffer
frische Muskatnuss
120 g Butter
250 g Mehl
7 Eier
125 g geriebener Käse
2 EL Sahne

APFELSUPPE

Die geschälten Äpfel in Stücke schneiden und in einem halben Liter Wasser mit der aufgeschlitzten Vanillestange weich kochen. Die Äpfel durch ein Sieb passieren. Die Suppe mit Apfelwein auffüllen, mit Stärkemehl andicken und noch mal kurz aufkochen lassen. Mit Zimt, Zucker, Zitrone, Zitronenschale und eventuell einem Gläschen Calvados abschmecken. Kalt oder warm mit Schlagsahnetupfen servieren.

600 g Äpfel
1 Vanilleschote
$^1/_2$ l Apfelwein
$^1/_2$ l Wasser
2 EL Stärkemehl
1 Prise Zimt
Saft und Schale $^1/_2$ Zitrone
$^1/_8$ l Schlagsahne
1 Glas Calvados oder
Aquavit

USCHI-OMIS LIEBESKUCHEN

Nüsse mahlen, Eigelb mit Zucker und Puderzucker dick schaumig schlagen, Zitrone, Rosenwasser, Koriander, Zimt und Nelken dazugeben.

Grieß, Mandeln und Backpulver mischen und abwechselnd mit dem mit Salz sehr steif geschlagenen Eiweiß unter die Eigelbmasse heben. Die Rosinen zum Schluss dazufügen.

Backpapier auf ein Backblech legen, die eckigen Oblaten darauf verteilen und den Teig darüber geben.

Bei 40° C 40 Minuten lang backen. Dann den Zuckerguss auf den noch heißen Kuchen streichen und mit den Rosinen dekorieren.

200 g Cashew-Kerne
175 g ungeschälte Mandeln
6 Eier
200 g Zucker
200 g Puderzucker
Saft und Schale einer
Zitrone
2 EL. Rosenwasser
$^1/_2$ TL gemahlener Koriander
je eine kräftige Prise Zimt
und Nelke
eine Prise Salz
200 g Weichweizengrieß
125 g Rosinen
1 TL Backpulver
eckige Oblaten fürs Blech

GUSS
250 g Puderzucker
3 EL Orangensaft
1 TL Rum

BRIGID'S APFELTRAUM

200 g Löffelbiskuit
Calvados oder Eierlikör
nach Belieben
1 Glas Apfelmus
1 Becher Mascarpone
250 g Sahnequark
150 ml Schlagsahne
75 g Zucker
1 Päckchen Vanillezucker

Eine Backform mit Löffelbiskuit auslegen, darauf großzügig Calvados oder Eierlikör träufeln und danach Apfelmus darüber geben. Mascarpone, Quark, Zucker und Vanillezucker verrühren, Sahne steif schlagen, unterheben und die Masse über das Apfelmus streichen. Am besten einen Abend vor dem Verzehr in den Kühlschrank stellen.

BRIGID'S LICHTER SCHOKOKUCHEN

300 g Amarettini
200 g Butter
5 Eier
450 g weiße Schokolade
450 g Ricotta
60 g Zucker
100 ml Mandarinensaft
1 Schuss Orangenlikör
weiße Schokospäne
1 TL Kakao

1 Ei mit den zerbröselten Keksen und 90 g Butter zu Streuseln kneten. Eine eckige Auflaufform einfetten. Die Streusel einfüllen und andrücken. 1 Std. zugedeckt kühlen. Schokolade im Wasserbad schmelzen. Ricotta mit der restlichen Butter schaumig rühren. Zucker, Mandarinensaft, Orangenlikör, Eier und geschmolzene, abgekühlte Schokolade unterrühren. Gemisch auf die Streusel streichen und 60 Minuten bei 170° C backen. Schokospäne und Kakaopulver draufstreuen und in Rauten schneiden.

FRISCHER ZITRONEN-BAISER-KUCHEN

BODEN

1 ½ Tassen Mehl
1 Prise Salz
1 EL Zucker
125 g Butterflöckchen
1 Eigelb
1-2 EL kaltes Wasser

FÜLLUNG UND BAISER

½ Tasse Zucker
⅓ Tasse Speisestärke
oder Maismehl
1 Tasse Wasser
geriebene Schale von
2 Zitronen
½ Tasse Zitronensaft
3 getrennte Eier
1 EL Butter
½ Tasse Zucker

Für den Boden die Butterflöckchen mit Ei, dem Zucker und dem Wasser schaumig rühren. Die Prise Salz einrieseln lassen. Das Mehl dazugeben und einen glatten Teig kneten. Diesen ½ Stunde ruhen lassen, dann eine Springform damit auslegen und einen Rand von 2 cm hinzufügen. Mit der Gabel überall einstechen. 15 Minuten anbacken. Dabei den Teig mit Backpapier abdecken und Reis oder Bohnen beschweren. So wird er nicht wellig.

In der Zwischenzeit in einem Topf die ½ Tasse Zucker mit der Speisestärke mischen. Das Wasser, die Zitronenschale und den Zitronensaft hineinrühren. Auf kleinster Flamme das Gemisch unter ständigem Rühren vorsichtig köcheln, bis sie eindickt, noch einen Moment weiter köcheln. Dann den Topf vom Herd nehmen. Die Eigelbe in einer kleinen Schüssel schaumig rühren. Langsam und vorsichtig die Mischung aus dem Topf hinzufügen. Noch einmal ganz kurz aufkochen. Die Butter hinzufügen und jetzt die Masse auf dem Kuchenboden verteilen.

Nun wird das Eiweiß steif geschlagen. Dabei wird nach und nach der Zucker dazugerieselt, bis der Schnee fast mit dem Messer zu schneiden ist. Mit einem großen Löffel den Eischnee in Wellen auf der Füllung verteilen. Das Ganze 10 Minuten bei 210° C backen. Vorsicht: Der Baiser soll schön hell bleiben. Der fertige Zitronenkuchen erinnert an Schnee – sein frischer Geschmack heißt die Inspiration willkommen!

LEMONELLA

Einen Mürbeteig kneten und ausrollen. In eine Springform geben. Den Boden mit einem 2 cm hohen Rand versehen, einstechen und bei 180° C 15 Min. vorbacken. Das Vanillemark herauskratzen. Die Schale von zwei Zitronen reiben. Zitronensaft auspressen. Die Eier mit dem Zucker sehr schaumig schlagen. Vanille, Zitronensaft und Schale unterrühren. Die Sahne vorsichtig unterheben. Die Zitronencreme in die Springform füllen und den Kuchen weitere 25 Minuten bei 160° C backen. Die übrige Zitrone in hauchdünne Scheiben schneiden. 3 EL Wasser und 3 El Rum mit dem Vanillezucker aufkochen. Die Zitronenschalen hineingeben und 5 Minuten mitkochen. Dann werden sie herausgefischt und die Flüssigkeit zu Sirup weitergekocht. Den fertigen Kuchen mit dem Sirup bestreichen und die Zitronenscheiben darauf verteilen.

Mürbeteig für eine
Springform (siehe S. 116)
1 Vanillestange
3 Zitronen
4 Eier
200 g Zucker
4 EL Vanillezucker
1 Becher Schlagsahne
3 EL Rum

Waldelfentipp

*Kommt die bemehlte Holzrolle
erst kurz ins Gefrierfach,
bleibt der Teig weniger leicht
dran hängen.*

Ostara
Tagundnachtgleiche
im Frühling

Gefeiert wurde in alten Zeiten von der Tag- und Nachtgleiche an bis zum Vollmond danach. Der Frühlingsaspekt der großen Göttin ist häufig von Löwen, Panthern, Katzen, Hirschen, Falken und anderen kämpferischen Tieren begleitet. Sie regiert über den Himmel und Jagdutensilien, wie Pfeil und Bogen gehören zu ihr. Als Frühlingsgöttin repräsentiert sie auch die Jungverliebte, die im Begriff ist, ihre Kraft zu entdecken. Ihr Reich ist der Himmel.

Im März empfing die Göttin durch das Essen magischer Speisen ihr Lichtkind, die Sonne, das zur Wintersonnenwende geboren wurde. Gleichzeitig starb das herangewachsene »Kind« der Vorjahre, verweilte drei Tage in der Unterwelt und wurde dann als Frühlingssonne wiedergeboren. Ostern ist der erste Sonntag nach dem ersten Vollmond, der sich an die Tagundnachtgleiche anschließt. Rituell wurde in späterer Zeit der neugeborene, wiederauferstandene Sonnensohn durch die Göttin Ostara initiiert. Bei Wettspielen oder der heiligen Jagd fing sie ihn ein und besiegte ihn. Sie überreichte ihm dann den goldenen Apfel der Jugend. Noch heute gibt es Osterfeuer, die in der Nacht vor Ostern entzündet werden. In Österreich verbrennt man in ihnen das alte Gerümpel des Winters. Der Göttin Ostara ist das Maiglöckchen geweiht. Dessen Saft stärkt Herz, Hirn und Leber. Die ersten Ostereier waren rot in der Farbe des Blutes und des Lebens bemalt, mit goldenen Zeichen mystischer Fruchtbarkeitssymbole. Dem fließenden Osterwasser ist magische Heilkraft zugesprochen. Wer sich in ihm schweigend wäscht, dem wird Schönheit und Jugend verliehen. Aber auch der Ostertau ist wertvoll. Einem alten Brauch zufolge wurden weiße Bettlaken im Garten ausgelegt und mit Ostertau gewaschen. Quellen und Brunnen schmückt man zum Dank an das heilsame Wasser mit Zweigen, an die Papierblumen, Spanlocken und Wunschschleifen gebunden sind.

Die Tag- und Nachtgleiche bezeichnet auch den Beginn des Tierkreises. Hier fängt das Zeichen Widder an und damit der Impuls, die Welt zu erschaffen – das Leben aktiv zu gestalten und selbst in die Hand zu nehmen. Die Frühlingsgöttin möchte mit Freude und Begeisterung begrüßt werden. Hierzu werden Sonnenräder gebacken, Blumen gepflückt und grüne Speisen aus frischen Kräutern zubereitet. Das erste Grün zeigt sich in Form von Brennnesseln, Löwenzahn, Spinat, Kresse, Gänseblümchen, Bibernelle, Huflattich und Pimpinelle. Im April gesellen sich Bärlauch, Gundelrebe, Kerbel, Knoblauchsrauke, Nelkenwurz und Waldmeister dazu. Es stehen uns geräuchertes Fleisch von Haustieren und Eier zur Verfügung, Schwarzwild-Überläufer und Forellen.

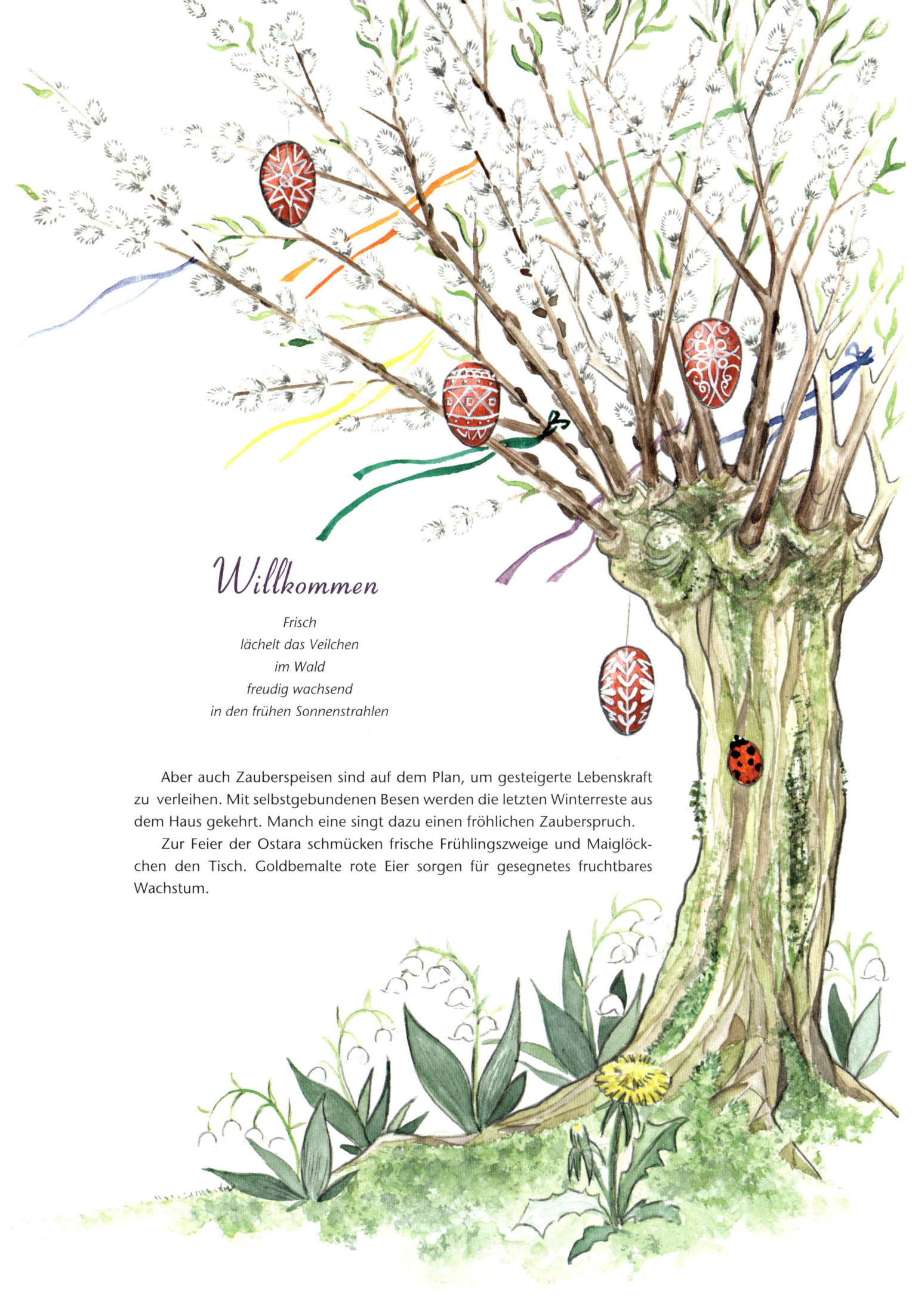

Willkommen

Frisch
lächelt das Veilchen
im Wald
freudig wachsend
in den frühen Sonnenstrahlen

Aber auch Zauberspeisen sind auf dem Plan, um gesteigerte Lebenskraft zu verleihen. Mit selbstgebundenen Besen werden die letzten Winterreste aus dem Haus gekehrt. Manch eine singt dazu einen fröhlichen Zauberspruch.

Zur Feier der Ostara schmücken frische Frühlingszweige und Maiglöckchen den Tisch. Goldbemalte rote Eier sorgen für gesegnetes fruchtbares Wachstum.

Ostarapflanze: Löwenzahn

»Gedeihen Schafgarbe und Löwenzahn, ist's um den Menschen gut getan.«
Löwenzahn, auch Krötenbusch genannt, hat im Volksmund über 500 weitere Namen und verleiht
Vitalität und Widerstandskraft. Löwenzahn ist außerordentlich anpassungsfähig und verfügt über
einen ausgeprägten Rhythmus. Seine Inhaltsstoffe wandeln sich entsprechend der Jahreszeiten: Die
Frühlingswurzel enthält die meisten Bitterstoffe, die Augustwurzel Kohlehydrat als Diätzucker, die
Oktoberwurzel eine linksdrehende Form der Fruktose. Werden die gedünsteten Blätter in Honig,
Essig und Olivenöl über Nacht eingelegt, ist der bittere Geschmack vertrieben. Löwenzahnblüten
machen fit. Löwenzahnstängel stärken die Sehschärfe, wirken gegen Nachtblindheit und Erschöpfung.
Sie sorgen dafür, dass sich der Geist wieder ausdehnt und die Weite erfassen kann....

LÖWENZAHNSCHNAPS

25-30 Löwenzahnblüten
1 Fl. 38%iger klarer
Schnaps

Die Blüten vorsichtig waschen, abtropfen und wieder trocken werden lassen. Mit dem Schnaps in einer Flasche ansetzen und 4 Wochen ziehen lassen. Abfiltrieren. Hilft einen hohen Cholesterinspiegel abzubauen ...

EIERPUNSCH

In einem Topf werden die Zutaten erwärmt und dabei so lange geschlagen, bis der Schaum hochsteigt. Gleich trinken!

Saft von 2 Zitronen
Geriebene Schale einer
Zitrone
250 g Zucker
1/2 l Wein
1/2 Glas Arrac
1/2 Glas Wasser
6 Eier

Echte Nelkenwurz

Benediktenkraut, Märzwurz, Mannskraftwurzel

Häufige und verbreitete Pflanze in krautreichen Wäldern und Ufergebüsch, an Mauern und Wegen. Der Wurzelstock wird im Frühjahr zu Beginn der Blüte gegraben und getrocknet. Die Wurzel enthält Eugenol, wie die echten Gewürznelken. Sie eignet sich u. a. als Glühweingewürz: 2-3 g getrocknete, zerkleinerte Wurzeln + 1 Messerspitze Zimt.

BÄRENFANG

Honig, Alkohol und Nelken unter Rühren langsam im Wasserbad erwärmen, Butter dazugeben. Sobald der Honig gelöst ist, die Flüssigkeit in Flaschen füllen und vier Wochen kühl lagern.

Statt Gewürznelken kann auch Nelkenwurz (Geum Urbanum) verwendet werden.

1 kg Honig
1 TL Gewürznelken
1 TL zerlassene Butter
1 l 96%iger Alkohol

TANNENSPITZENLIKÖR

Die gewaschenen, abgetropften Tannenspitzen werden mit Honig, Kandis und Schnaps in eine 1l Flasche gefüllt, die acht Wochen auf eine sonnige Fensterbank gestellt wird. Gelegentlich schütteln. Danach wird abfiltriert und die Flasche mindestens 4 Monate kühl gelagert. Am besten nimmt man nur die Tannenspitzen von den Bäumen, die später sowieso ausgeholzt werden.

1 Handvoll hellgrüne,
noch weiche Tannenspitzen
150 g weißer Kandis
1 EL Honig
38%iger klarer Schnaps
(Korn oder Wodka)

OSTEREIER NACH ALTEM THÜRINGER BRAUCH

Den Kunstfaserstrumpf in Vierecke schneiden. Die Eier mit den frischen Kräutern umwickeln und die Strumpfstücke darüber binden. In kochendem Salzwasser zusammen mit den Zwiebelschalen 7 Minuten kochen. Dann die Eier abschrecken und Kräuter und Strumpfstücke entfernen. Aus den Zeichnungen, die die Kräuter auf die Eier gezaubert haben, lässt sich vielleicht so manche Botschaft lesen ...

Eine Damenstrumpfhose
Eier
Pimpernelle
Petersilie
Zitronenmelisse
Zwiebelschalen

ROTE OSTEREIER

Rote Beete
Rotkohlblätter
Malventee
Karotten
Essig
Speckschwarte
weiße Eier

Rote Beete, Rotkohlblätter, roter Malventee färben Eier rotviolett. Orangegelbe Färbung erreicht man mit Karotten. Krappwurzel sollte besser nicht verwendet werden, da giftig!

500 g zerkleinerte Rote Beete, Rotkohl oder Karotten werden mit 2 l Wasser 40 Minuten gekocht. Dann den Sud filtern und zum Abkühlen beiseite stellen. 100 g roten Malventee mit 2 l Wasser 30 Minuten kochen. Filtern und beiseite stellen. Die mit Essigwasser gereinigten weißen Eier hart kochen, abschrecken und mindestens $^1/_2$ Stunde in dem Gemüse-Sud liegen lassen – nach Bedarf länger.

Im Malvensud können die Eier mehrere Stunden liegen. Nach dem Trocknen werden die roten Eier mit Speiseöl oder einem Stück Speckschwarte auf Hochglanz poliert.

FRÜHLINGSBLÜTENSALAT

Blüten
1 EL Öl
1 EL Zitronensaft
$^1/_2$ TL Honig
Salz

Löwenzahnblüten, Schaumkrautblüten, Gänseblümchen, Taubnessel und Beinwell zupfen.

Das Öl mit dem Zitronensaft, dem Honig und einer Prise Salz verrühren und vorsichtig mit den Blüten vermischen.

SIEBEN- ODER NEUNKRÄUTERSUPPE

FÜR 4 PERSONEN

Lauch & Spinat & Löwenzahn & Feldsalat & Petersilie & Schnittlauch & Sauerampfer

Lauch & Spinat & Löwenzahn & Brunnenkresse & Brennnesseln & Sauerklee & Bibernelle & Bachbunge & Fetthenne oder Schlüsselblumenblätter, Huflattich, Gundermann, Frauenmantel

500 g Kräuter
3 EL Butter
1 l Gemüse- oder Fleischbrühe
250 ml saure Sahne
1 Eigelb
Salz
Pfeffer

Die Kräuter fein schneiden und mit Butter 5 Min. dünsten. Mit Gemüsebrühe aufgießen und 15 Min. köcheln lassen. Ein Eigelb in einem Becher saurer Sahne verquirlen und in die Suppe rühren. Mit Salz und Pfeffer abschmecken.

Waldelfentipp

Kräuter kann man trocknen oder in Olivenöl eingelegt im Kühlschrank aufbewahren. Im Öl gelagert schmecken sie intensiver. Oder man stellt kleine Kräuterwürfel her: Kräuter wiegen, mischen und in die Eiswürfelschale füllen. Einfrieren und bei Bedarf auftauen! Dill und Petersilie halten Monate lang, wenn sie feingewogen mit Salz vermischt in einem verschließbaren Gefäß aufbewahrt werden.

Sauerampfersuppe nach Art der Großmütter

Die jungen Sauerampferblätter waschen und hacken. Die Zwiebeln klein schneiden. Zusammen mit dem Sauerampfer in 3 EL Butter andünsten. Mit der Gemüsebrühe auffüllen. Kartoffeln schälen und in kleinere Stücke schneiden. In den Topf geben. Ca. 15 Minuten kochen. Das Mehl in ein wenig Weißwein verrühren und hinzufügen. Dann die Eigelbe mit dem Sauerrahm verrühren und in die Suppe geben. Diese darf jetzt nicht mehr kochen, sondern nur noch sieden, sonst flockt das Ei. Das Glas Weißwein dazugeben und mit Muskat abschmecken. Dann die Suppe pürieren. Die alten Toastscheiben in Würfel schneiden und in der restlichen Butter anrösten. Die Toaströstis in ein kleines Schälchen füllen und bei Tisch über die Suppe streuen.

1 Stofftasche voller
Sauerampfer
2 Zwiebeln
4 EL Butter
3 EL Mehl
6 Kartoffeln
3 Eigelb
1 Becher Sauerrahm
2 l Gemüsebrühe
1 Glas Weißwein
Pfeffer
Salz
Muskatnuss
einige Scheiben
trockener alter Toast

Süsswasserfischsuppe

Die gesäuberten Fische in große Stücke schneiden. Kartoffeln schälen und würfeln. Lauch in Ringe schneiden. In einen Topf mit möglichst großem Bodendurchmesser zuerst Kartoffeln, Lauch, Gewürzkörner und Lorbeer legen, dann die Fischstücke. Leicht salzen. Zerlassene Butter darüber geben. Gerade mit Wasser bedeckt 35 Min. köcheln lassen. Dann 1 Tasse Flüssigkeit aus der Suppe nehmen, mit der Sahne verrühren und wieder in die Suppe geben. Mit Salz und Pfeffer abschmecken. Dill darüber streuen.

ca. 1 kg verschiedene
Süßwasserfische (Barsch,
Brasse, Forelle, Schleie)
500 g Kartoffeln
1 Stange Lauch
8 Pimentkörner
1 Lorbeerblatt
1 TL Salz
1 EL Butter
4 EL saure Sahne
1 Prise weißer Pfeffer
1 Strauß frischer Dill

Kalte Orangenforelle

Den Orangensaft mit dem Weißwein, den Nelken, Pfefferkörnern, Lorbeerblättern, Rosinen, Koriander und 3 EL Olivenöl aufkochen lassen, bis er zur Hälfte verkocht ist. Den Sud durch ein Sieb filtern und erneut erwärmen. Möhre in Scheiben, Sellerierädchen, feingeschnittene Zwiebeln dazu und aufkochen lassen. Salzen und pfeffern. Forellenfilets auf der Haut 2 Min. im restlichen Öl anbraten. Haut abziehen. Mit der Marinade bedecken und 6 Std. ziehen lassen. Mit Pinienkernen bestreuen.

$1/2$ l frischer Orangensaft
$1/4$ l trockener Weißwein
3 EL Weißweinessig
2 Nelken
1 TL schwarze
Pfefferkörner
3 Lorbeerblätter
1 TL Rosinen
$1/2$ TL Koriandersamen
5 EL Olivenöl
1 große Möhre
2 Stangensellerie
2 Zwiebeln
Salz
4 Forellenfilets (mit Haut)
2 EL geröstete Pinienkerne

KLEINE FISCHE,
GEBRATEN UND SAUER EINGELEGT

1 kg Plötzen (und alle
anderen Weißfische:
Rotfedern, Brassen...)
50 g Mehl
100 g Butter
1/8 l Wasser
1/2 l Essig
4 TL Salz
1 TL Zucker
10 Wacholderbeeren
1 Lorbeerblatt
1 TL Pfefferkörner
2 TL Senfkörner
2 Zwiebeln

Die vorbereiteten (ausgenommen, ohne Kopf, geschuppt, gewaschen) Plötzen in Mehl wenden und 10 Min., unter häufigem Wenden, in der Butter goldbraun braten. Wasser mit dem Essig, den Gewürzen und den Zwiebelringen aufkochen und abkühlen lassen. Die Marinade über die gebratenen Fische gießen und mindestens 12 Stunden ziehen lassen. Die Fische halten sich so 3-4 Tage.

GEGRILLTE PORTIONSFISCHE

4 mittelgroße Fische,
z. B. Forelle, Makrele,
Hering

MARINADE
FÜR CA. 1,5 KG
6 EL Öl
4 EL Zitronensaft
1 Knoblauchzehe,
zerdrückt
1 Bund feingehackte
Petersilie
1/2 Bund feingehackter
Dill
Salz, Pfeffer

Die Fische am Rücken 2-3 Mal schräg einschneiden. Kräuter und Gewürze mit Öl und Zitronensaft verrühren, die Fische innen und außen damit bestreichen und 30 Minuten marinieren.

Auf einen geölten Rost legen und im vorgeheizten Grill oder über dem Holzkohlengrill langsam grillen. Gelegentlich mit Marinade bestreichen. Die Fische sind gar, wenn sich die Rückenflosse leicht herausziehen lässt.

Da die Fische beim Grillen öfters gewendet werden sollen, ist es hilfreich, besonders beim Holzkohlengrill, den Rost mit Alufolie auszulegen. Starke Grillhitze vermeiden, da sonst die Außenschicht zu rasch braun wird und eine Kruste bildet, die das Eindringen der Hitze verhindert.

SPECKFORELLEN

4 Tellerforellen (ca. 200 g)
1 Zitrone
1 TL Salz
5 EL Doppelrahm-
Frischkäse
2 EL Milch
100 g durchwachsener
Speck, dünn geschnitten
2 Schalotten
1 EL Butter
1/8 l Gemüsebrühe
1 kleiner Zweig Rosmarin

Den Ofen auf 200° C vorheizen. Die gewaschenen, trockengetupften Forellen mit Zitronensaft einreiben. Knoblauch, Petersilie und Dill fein schneiden, mit dem Käse und der Milch verrühren und in die Fische geben. Die Speckscheiben um die Forellen wickeln. In einer feuerfesten Form 25-30 Min. garen. Die fein gewürfelten Schalotten in der Butter glasig braten, Gemüsebrühe und Rosmarin dazugeben und 5 Min. kochen lassen. Nachdem die Forellen 15 Min. im Backofen waren, den Sud darüber gießen.

FORELLE IN ROTWEIN

4 Portionsforellen oder
1 große Forelle
100 g Butter
1/4 l Rotwein
100 g Walnusskerne
2 EL gerebelte Gundel-
rebe oder 4 Stengel mit
Blättern und Blüten
Salz
Pfeffer

Die Forellen oder Forellenstücke auf jeder Seite 2 Min. in der Butter anbraten. Aus der Pfanne nehmen und beiseite legen. Den Bratensatz mit dem Rotwein aufgießen und mit Salz und Pfeffer abschmecken. Die Gundelrebenzweige in die Fische legen bzw. in den Fischstücken verteilen. Die Fische in den Sud legen, die gehackten Walnüsse darüber streuen und 15 Min. ziehen lassen.

Gundelrebe Gundermann, Blauhuder,
Donnerrebe, Erdefeu, Heilrauf, Zickelskräutlein, Silberkraut

Sehr häufig auf Wiesen, in Auenwäldern, Wald und an Heckenrändern.
Gundelrebe wird zur Blütezeit (März bis Juni) gesammelt und getrocknet.
Ihre frischen Blätter kommen zusammen mit anderem Frühlingsgrün an Salate,
Kräutersoßen und Quarkspeisen. Die frischen Stängel lassen sich gut einfrieren und
bei Bedarf als Suppeneinlage verwenden. Gundelrebe mit Salz und Hafer
vermischt hilft dem Vieh gegen angezauberte Krankheiten (Infektionen)...
Oder ein kleiner Wetterzauber: »Guntrebenger (Schössling) ich werf' dich auf in die
Wolken!«. In die Röcke der Frauen genäht verleiht die Gundelrebe Fruchtbarkeit.
Gundelrebe fördert den Milchfluss und wirkt bei der Wundbehandlung.

GEBEIZTE MAKRELE

Von der Makrele wird die Rückengräte entfernt, ohne die beiden Hälften zu teilen. Alle übrigen Gräten ebenfalls entfernen. Falls der Fisch vom Waschen noch feucht ist, vorsichtig trocken tupfen. Salz, Zucker, Pfeffer gut vermischen und $1/3$ davon auf eine Glas- oder Porzellanplatte streuen, ebenso $1/3$ des fein-geschnittenen Dills. Die Makrele wird mit der Hautseite nach unten auf die Platte gelegt und mit dem zweiten Drittel der Gewürze bestreut. Dann wird sie zugeklappt und das dritte Drittel der Mischung darüber verteilt. Den Fisch mit Alufolie abdecken und ein Brett darauf legen, das mit Gewichten beschwert ist. Nach einem Tag im Kühlschrank die Lake abgießen, etwas nachsalzen, am nächsten Tag die Prozedur wiederholen. Nach drei Tagen sollte der Fisch innen rosig sein. Lake erneut abgießen und alle Reste davon abtupfen. Mit Senfsauce servieren.

Makrele ist fetthaltig und deshalb leichter verderblich. Beim Einkaufen kann man darauf achten, dass die Haut glänzt und die Kiemen hellrot sind. Das Fett der Makrele enthält die meisten Omega-3-Fettsäuren von allen Meeresfischen ... Es ist also »gutes« Fett ...

1 große frische Makrele
(ca. 600 g)
150 g Zucker
200 g Salz
60 g weißer Pfeffer,
grob gemahlen
4 Bund Dill

Gefüllte Miesmuscheln

Miesmuscheln
1 Pfund Butter
2 Tassen Semmelbrösel
2 Bund Petersilie
5 Knoblauchzehen
Salz
Pfeffer
1/2 Zitrone

Die Butter mit den Semmelbröseln, der gehackten Petersilie, den kleinge-schnittenen Knoblauchzehen, Salz, Pfeffer und dem Saft der Zitrone vermen-gen, bis eine glatte Paste entstanden ist. Die Miesmuscheln in der Pfanne oder im Ofen erhitzen, bis sie sich öffnen. Die leere Schalenhälfte entfernen. Die andere mit der Buttermischung auffüllen und die Oberfläche mit einem Messer glatt streichen. Dann alle gefüllten Schalenhälften kurz unter den Grill schieben, bis die Semmelbrösel braun werden. Man kann die Muscheln prima vorbereiten und gefüllt einfrieren. Immer, wenn Gäste kommen, hat man dann in wenigen Minuten unter dem Grill eine wunderbare Vorspeise gezaubert.

Geflügelklösschen mit Bärlauch und Zuckerschoten

FÜR 4-6 PERSONEN

750 g Hühner- oder
Putenbrust
200 g Haselnüsse
2 Tassen Haferflocken
Die grünen Teile von
1 Bund Frühlingszwiebeln
2 Bund Petersilie
4-5 EL mildes
Bärlauchpesto (siehe S. 68)
1/2 TL weißer Pfeffer
1/2 TL Salz
2 Eier
1 Flasche Riesling
Weißwein
1 Tasse Gemüsebrühe
4 EL Olivenöl
4 EL Mehl
200 cl saure Sahne
250 g Zuckerschoten
250 g Champignons
1/2 Apfel, gerieben

Erst wird das Fleisch durch den Fleischwolf gedreht, dann die grob geschnittenen grünen Teile der Frühlingszwiebeln. Die feingemahlenen Haselnüsse, die Haferflocken und die Eier kommen dazu und werden mit der feingewiegten Petersilie, dem Bärlauchpesto, Pfeffer und Salz zu einem Teig verknetet. Jetzt aus jeweils einem gut gehäuften Esslöffel Fleischteig die Knödel formen.

2 EL Mehl in dem Olivenöl hellgelb anrösten, mit der Gemüsebrühe und dem Wein aufgießen. Kurz aufkochen, dann nur noch sieden lassen. Den geriebenen Apfel in die Sauce rühren. Die Knödel in die Weinsauce einlegen und gar ziehen lassen. Sie sind gar, wenn sie nach oben steigen. 2 EL Mehl mit der Sahne vermischen und in die Sauce rühren. Die Pilze und die Zuckerschoten 5 Minuten andünsten und zu den Knödeln geben. Alles noch 10 bis 15 Minuten ziehen lassen. Die Geflügelklösschen kann man prima 2 Tage im Voraus zube-reiten. Gut durchgezogen schmecken sie noch besser. Zuckerschoten und Pilze kommen allerdings erst am Tag des Schmauses dazu.

Lammkeule mit Sardellen

1 Lammkeule
1 Glas Sardellen
2 Knoblauchzehen
oder mehr,
evt. Knoblauchrauke
2 TL Rosmarinblätter

Die Sardellen und Knoblauch im Mörser mit dem Rosmarin fein zerreiben, falls nötig etwas von dem Sardellenöl zugeben und eine dicke Paste her-stellen. Die Keule mit einem scharfen Messer einritzen und die Paste darauf verteilen. Unabgedeckt, im vorgeheizten Ofen bei 150° C pro Pfund 25 bis 30 Minuten braten.

Knoblauchsrauke statt Knoblauch

Lauchhederich

*»Unkraut« in Hecken, Waldschlägen, Zäunen, aufgelassenen Gärten. Stickstoffanzeiger.
Knoblauchrauke vor und während der Blüte im Frühjahr sammeln und frisch verwenden.
Beim Trocknen lässt das Aroma sehr nach. Feingehackt den Speisen zusetzen.
Sie besitzt große Würzkraft!!*

LAMMKEULE MIT CIDER

Die Lammkeule in eine Bratenpfanne legen und den Honig darauf verstreichen. (Honig eventuell mit etwas Apfelwein verdünnen). Rosmarin und Pfeffer großzügig darüber verteilen. Den Apfelwein in die Bratenpfanne gießen. Garzeit 25 Min. pro Pfund. Häufiger begießen ... Der Flüssigkeitspegel in der Pfanne sollte immer ~ 1 cm sein, also den Cider neben dem Ofen stehen lassen ... Die Keule vor dem Anschneiden 10 Min. ruhen lassen.

1 Lammkeule
3 EL Honig
1/2 l oder mehr Apfelwein/
Cidre/Cider
Rosmarin
Pfeffer

OSTARA-LAMM MIT LAUCHHEDERICHSAUCE

Die geschälte Zwiebel mit Nelken und Lorbeerblatt spicken. Suppengrün mit der Zwiebel und den Rosmarinzweigen in 2 l Wasser 10 Minuten kochen. Die Keule mit Küchengarn zusammenbinden und in den kochenden Sud legen und auf kleiner Flamme 2 Stunden köcheln lassen (für jedes weitere Kilo 1 Std. zugeben).

Für die Sauce die Mayonnaise mit Joghurt, Senf und Olivenöl vermischen. Kräuter hacken und dazugeben. Pfeffer und Zucker dran. Fertig.

1 Lammkeule, entbeint
(für 4 Personen 1kg)

PRO KG
1 Zwiebel
3 Gewürznelken
2 Lorbeerblätter
1 Karotte
1 Stück Sellerie
3 Zweige Rosmarin
Salz
2 l Wasser

SAUCE
200 g Mayonnaise
1 Becher Joghurt
1 TL Senf
1 TL Olivenöl
Weißer Pfeffer
1 Prise Zucker
100 g Lauchhederich
100 g Petersilie, Sauerampfer,
Dill, Estragon, Kerbel

LAMM IN DILLSAUCE

1,5 kg Lammfleisch
(Schulter, Brust)
3 EL Butter/Öl
1 Karotte
1 Stück Sellerie
1 Stange Lauch
oder 1 Zwiebel
3/4 l Wasser
1/4 l Weißwein
8 weiße Pfefferkörner
2 Nelken
1 Kräuterstrauß: Dill,
Petersilie, Lorbeer

FÜR DIE SAUCE
4 EL gehackter Dill
2 EL Butter
2 EL Mehl
1 TL Zitrone
1 TL milder Senf
1 Prise Zucker
1 Eigelb
1/8 l Sahne
Salz
weißer Pfeffer

Das Fleisch in grobe Stücke zerteilen und in einer großen Pfanne mit Butter oder Öl hell anbraten. Die angebratenen Lammstücke in einen Schmortopf legen. Eine große Karotte, eine Scheibe Sellerie und eine Stange Lauch oder eine große Zwiebel fein in Würfel schneiden und über dem Fleisch verteilen. Den Bratensatz mit einer Tasse heißem Wasser in der Pfanne aufkochen und über die Fleischstücke geben. Den Kräuterstrauß und die Gewürze ebenfalls in den Schmortopf legen. Wasser und Wein vermischen und dazugießen.

Mit geschlossenem Deckel 1 1/2 Stunden bei 180° C im Ofen oder bei kleiner Hitze auf dem Herd garen lassen. Nach der Garzeit 2 Löffel Mehl mit etwas Butter oder Öl hellgelb anrösten und mit Flüssigkeit aus dem Schmortopf aufgießen. Die Sahne mit Zitronensaft, Senf, Zucker, Salz, Pfeffer und Eigelb mischen, in die Mehlschwitze rühren und in den Schmortopf gießen. Nicht weiterkochen lassen, 4 Löffel frischen Dill unterrühren und mindestens eine 1/4 Stunde auf kleiner Flamme ziehen lassen.

GEBRATENES OSTARA-ZICKLEIN

1 Keule oder eine Schulter
oder eine ganze Hälfte
vom Zicklein
50 – 100 g fetter Speck
mindestens 6 ganze
Knoblauchzehen

SAUCE:
50 cl Rindsbouillon oder
Hühnerbrühe
Saft einer halben Zitrone
2 Eigelb
1 TL Pfeffer
5 Safranfäden
1 EL feingeschnittene
Petersilie
2 Blätter Minze
Eine Prise trockener
Rosmarin oder 3-5 frische
Blättchen
2 gehackte Knoblauchzehen

6 Knoblauchzehen schälen und in »Splitter« schneiden. Den Speck in Streifen schneiden. Das Zicklein mit Knoblauch und Speck spicken. Die Eigelbe verrühren, Brühe und Zitronensaft untermischen. Dann Pfeffer, Safran und gehackten Knoblauch dazugeben. Diese Mischung in eine Bratenpfanne geben und das gesalzene Zicklein darauf legen. Bei 200° C in den Ofen schieben. Garzeit pro Kilo 3/4 bis 1 Stunde. Das Zicklein während des Bratens mit der Sauce beträufeln. Vor dem Servieren mit den frischen Kräutern bestreuen.

Waldelfentipp

Sahne lässt sich besser mit Mehl verrühren, wenn das Mehl zuerst in ein kleines Schälchen gegeben wird, vorsichtig ein wenig Sahne dazu und dann mit der Rückseite eines Teelöffels entlang des Schälchenrands das Mehl zerquetschen. Langsam mehr und mehr Sahne dazugeben, bis ein fester Brei entsteht, der so keine Klümpchen hat.

Minzsauce für Lamm

Frische Pfefferminzblätter fein hacken und in einem Gefäß mit Zucker und Salz vermischen. Das kochende Wasser darüber gießen und abkühlen lassen. Dann mit dem Essig auffüllen und mindestens 1 Stunde ziehen lassen.

50 g frische Minzblätter
25 g brauner Zucker
2 Messerspitzen Salz
4 EL kochendes Wasser
150 ml guter Weinessig

Weiße Bohnen mit Sauerampfer

Die Bohnen in dem gekochten, abgekühlten Wasser 12 Stunden weichen lassen, dann in dem Einweichwasser zum Kochen bringen und den Schaum mehrmals abschöpfen. Das Suppengrün (Lauch, Petersilie, Sellerie) grob schneiden und dazugeben. 1$^1/_2$ Stunden kochen lassen. Karotte, Zwiebel und Kartoffel fein schneiden und 15 Minuten mitkochen lassen. Sauerampfer und Kerbelblätter fein hacken und in der Butter dünsten, dann zu den weichgekochten Bohnen geben. Mit Salz und Pfeffer abschmecken und mit gerösteten Brotwürfeln und frisch darüber gestreutem Kerbel servieren.

250 g getrocknete
weiße Bohnen
1,5 l Wasser, gekocht
und abgekühlt
100 g Sauerampfer
100 g Kerbel
ca. 200 g gewürfeltes
Weißbrot
50 g Butter
1 EL frischer
gehackter Kerbel
$^1/_4$ Sellerie
Lauch, nur das
weiße Stück
1 Petersilienwurzel
1 große Kartoffel
1 Zwiebel
1 Karotte
$^1/_2$ TL weißer Pfeffer

Hopfensprossensalat

Das Ei klein schneiden und alle Zutaten vermischen.

Hopfensprossen
Essig
Öl
Schnittlauch
Pfeffer
Salz
1 hartgekochtes Ei

Hopfensprossengemüse

Die Hopfensprossen in Salzwasser knackig kochen, Mehlschwitze zubereiten und einen Teil des Kochwassers hinzufügen, etwas Sahne dazu und Zucker, Pfeffer, Salz, Muskat, Petersilie.

Hopfensprossen
Salz
1 EL Mehl
1 EL Butter
Zucker
Pfeffer
Salz Muskat
Petersilie

Minze

»Wer alle Kräfte, Arten und Namen der Minzen vollständig aufzählen kann,
könnte auch sagen wie viel Fische im Roten Meer schwimmen und
wie viele Funken der Ätna auswirft.« (Strabus)
In Mitteleuropa gibt es in der Wildform die Ackerminze, Wasser-Minze,
Quirl-Minze, Gebüsch-Minze, Grüne Minze oder Krauseminze und die Polei-Minze.
Die Polei-Minze enthält das giftige Pulegion (Emmenagogum).
Mit feingehackter Minze bestreute Salate, Suppen, Gemüse,
Quark und Weichkäse gewinnen wunderbar an Frische.
Getrocknete Minzblätter im Fischsud geben eine ganz besondere Note.

FRÜHLINGSSALAT MIT ZIEGENKÄSE

2 Birnen
1 Pfennigstück frischer Ingwer
2 Gewürznelken
200 ml Birnensaft
grüner krauser Salat
einige Blätter Löwenzahn
einige Kleeblätter
Sauerampfer
Brunnenkresse
Sprossenmix
Sonnenblumenkerne oder Pistazien
4 Ziegenkäsetaler
2 EL Rapsöl
Salz
Schwarzer Pfeffer
Honig
1/2 Bund Thymian
50 g gehackte Walnüsse

Die Löwenzahnblätter über Nacht in Öl, etwas Honig und Essig ziehen lassen, damit sie nicht zu bitter sind. Die Birnen in Spalten schneiden und gemeinsam mit den Nelken und dem gehackten Ingwer im Birnensaft 5 Minuten aufkochen. Dann die Birnen herausfischen und 100 ml Birnensaft zur Seite stellen. Salatblätter, Kresse, Sprossen, Birnen klein zupfen und in einer Schüssel mischen. Das Rapsöl mit dem Birnensud mischen, pfeffern und salzen und in den Salat heben. Den gemischten Salat auf großen Tellern anrichten und die Sonnenblumenkerne und/oder Pistazien darauf streuen. Die Käsetaler mit dem Honig bestreichen und bei 220° C 10 Minuten im Backofen backen. Auf den Salat setzen. Thymian und die Walnüsse über alles streuen. Fertig.

Waldelfentipp

Angewelkter Salat wird in einer Schüssel Wasser,
in das man einige Spritzer Zitrone
und rohe Kartoffelschalen gibt, wieder knackig.

OSTARAKUCHEN

1 Tafel Vollmilchschokolade
1 Tafel Zartbitterschokolade
1/8 l Sahne
100 g Butter
6 Eigelb
100 g Zucker
200 g gemahlene Mandeln
200 Semmelbrösel
geriebene Schale einer Orange
6 Eiweiß

GUSS:
150 g Puderzucker
1 EL heißes Wasser
2 EL heißer Rum
eine Ostara – Pappschablone

Die Schokolade wird in eine Schüssel gebröselt und die Sahne dazugegossen. Jetzt die Mischung vorsichtig im Wasserbad schmelzen lassen. Die Butter kommt unter Rühren dazu, bis sich alles verbunden hat. Eigelb, Zucker, Mandeln, Semmelbrösel und Orangenschale mit der abgekühlten Masse verrühren. Das Eiweiß sehr steif schlagen und unter den Teig heben. In eine runde Springform füllen und auf der untersten Schiene bei 140° C 60 Min. backen.

In der Zwischenzeit die Ostaraschablone gestalten. Entweder die Göttin selbst oder einen Osterhasen oder ein Lamm ausschneiden. Den Guss aus Wasser, warmem Rum und Puderzucker rühren. Den fertigen Kuchen mit der Schablone belegen und den Guss darum streichen. Den Rand mit kleinen Schokoladenostereiern verzieren. Sobald der Guss trocknet, die Schablone abnehmen.

Veilchen

Das Veilchen verleiht Barmherzigkeit,
emotionale Ausdrucksfähigkeit,
bringt Gefühle in Fluss
und wirkt bei Trauma beruhigend.
Es blüht im April.
Sorgt im Salat für Frühlingsfreude.

Beltane
Walpurgisnacht

Der Mai ist der Weide- oder Wonnemonat der Maya, Maja oder Maj. Der Mädchenaspekt der Göttin beginnt sich zu wandeln. Sie wird zu einer lustvollen Geliebten, die bereit ist, sich auf das Wagnis der Vereinigung einzulassen. Als solche betritt sie ein neues Aufgabengebiet. Aus der inspirierenden »Reinen« wird eine freudvolle Gefährtin, die durch ihre erotische Anziehungskraft fasziniert und dem Leben Fülle verleiht. Mit ihrer Sinnlichkeit weiß sie die Früchte der Zukunft zu bezaubern und mit prickelnder Lebenskraft zu versehen. Ihr Anblick wirkt betörend. Wer in der Hexennacht unbehext bleibt, ist selber schuld.

In der Natur ist die Zeit des Düngens gekommen. Die Felder brauchen Nahrung, damit eine reiche Ernte vorbereitet ist. Was bietet sich dafür besser an, als den Boden mit der eigenen erotischen Kraft zu nähren? Lustvolle Fruchtbarkeitsrituale sorgen dafür.

Früher tanzte man in den Steinkreisen um einen Phallusstein, der im Zentrum errichtet wurde, heute um den Maibaum, den ein weiblicher Kranz schmückt. Sicher erinnert der Maibaum an den Weltenbaum, an dessen Ästen die Planeten hängen und dessen Wurzeln tief ins Lichtreich der Holle bis hin zur Quelle des Lebens reichen. Am ersten Mai tanzten schon seit der Vorzeit die Mädchen und Jungen als gehörnte Göttinnen mit hocherhobenen Armen auf Bergen, den Mutterbrüsten der Erde, in die Mitte eines Kreises, in dem sich das Mond- und Sonnenauge befand. Dies war der Ort der Empfängnis, und man feierte an diesem orgiastische Feste. Beltanefeuer wurden angezündet. Dazu grub man einen kreisrunden Graben, den Jahresring und errichtete in dessen Mitte das Feuer. Man trank von heiligen Quellen und umkreiste diese neun Mal. Jetzt konnte das keimende neue Leben heranwachsen. Möglicherweise dauerte das Fest bis zum kommenden Vollmond (Pfingsten), an dem der Pfingstochse auf die Weide geführt wurde. Mit Blumen geschmückt diente er der Maigöttin als Reit- und Opfertier.

In der Walpurgisnacht wählte sich die Maikönigin ihren gehörnten, grüngekleideten Gefährten durch einen Kuss aus. Der Ort, ein Tanzplatz ihrer Wahl, wurde mit erotischen Symbolen geschmückt.

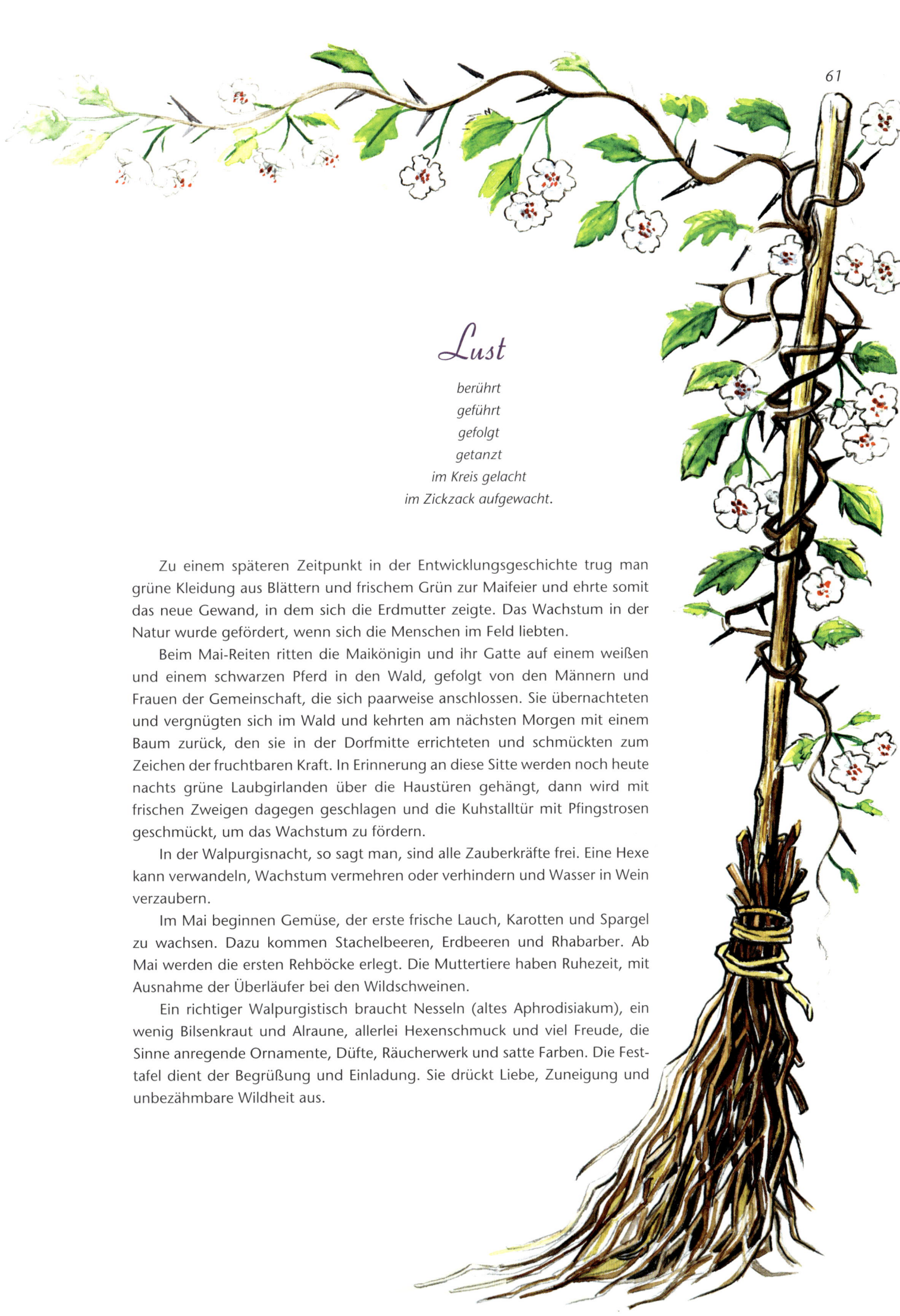

Lust

berührt

geführt

gefolgt

getanzt

im Kreis gelacht

im Zickzack aufgewacht.

Zu einem späteren Zeitpunkt in der Entwicklungsgeschichte trug man grüne Kleidung aus Blättern und frischem Grün zur Maifeier und ehrte somit das neue Gewand, in dem sich die Erdmutter zeigte. Das Wachstum in der Natur wurde gefördert, wenn sich die Menschen im Feld liebten.

Beim Mai-Reiten ritten die Maikönigin und ihr Gatte auf einem weißen und einem schwarzen Pferd in den Wald, gefolgt von den Männern und Frauen der Gemeinschaft, die sich paarweise anschlossen. Sie übernachteten und vergnügten sich im Wald und kehrten am nächsten Morgen mit einem Baum zurück, den sie in der Dorfmitte errichteten und schmückten zum Zeichen der fruchtbaren Kraft. In Erinnerung an diese Sitte werden noch heute nachts grüne Laubgirlanden über die Haustüren gehängt, dann wird mit frischen Zweigen dagegen geschlagen und die Kuhstalltür mit Pfingstrosen geschmückt, um das Wachstum zu fördern.

In der Walpurgisnacht, so sagt man, sind alle Zauberkräfte frei. Eine Hexe kann verwandeln, Wachstum vermehren oder verhindern und Wasser in Wein verzaubern.

Im Mai beginnen Gemüse, der erste frische Lauch, Karotten und Spargel zu wachsen. Dazu kommen Stachelbeeren, Erdbeeren und Rhabarber. Ab Mai werden die ersten Rehböcke erlegt. Die Muttertiere haben Ruhezeit, mit Ausnahme der Überläufer bei den Wildschweinen.

Ein richtiger Walpurgistisch braucht Nesseln (altes Aphrodisiakum), ein wenig Bilsenkraut und Alraune, allerlei Hexenschmuck und viel Freude, die Sinne anregende Ornamente, Düfte, Räucherwerk und satte Farben. Die Festtafel dient der Begrüßung und Einladung. Sie drückt Liebe, Zuneigung und unbezähmbare Wildheit aus.

Walpurgispflanze: Weißdorn

Hagedorn, Mehlbeere

*Kränze aus Weißdornblüten krönen die Göttin zum Beltanefest wegen ihres
aphrodisischen Geruchs. Weißdorn gilt als Torwächter des Herzens, er vermag
verwundete Herzen wieder zu öffnen, Herzensenttäuschungen zu heilen und dem
Herzen Schutz zu gewähren. Als Teil der Dornröschenhecke bietet er auch Schutz
beim Schlaf. Aus dem Holz wurden magische Objekte geschnitzt.
Am Maitag bindet man Glücksschleifen in die Zweige und hinein einen
guten Wunsch, auf dessen Erfüllung man hofft.*

WEISSDORN-HERZSCHNAPS

Junge Weißdornblüten
und -blätter
1 Flasche Obstler

Eine Flasche zu einem Drittel mit Blüten und Blättern füllen. Obstler aufgießen und sechs Wochen verschlossen an einem sonnigen, warmen Ort
stehen lassen. Täglich einmal schütteln. Für eine Herzkur zum Öffnen der
Gefäße 25 Tropfen in einem Eierbecher mit Wasser auflösen und jeden
Morgen über einen längeren Zeitraum trinken.

HEXENTEE GEGEN HITZEWELLEN (WECHSELJAHRE)

Beifuß
Eisenkraut
Schafgarbe
Tausendgüldenkraut
Zinnkraut

Selbst mischen oder in der Apotheke mischen lassen. Daraus einen Tee
zubereiten und jeden Tag eine Tasse trinken. Schmeckt nicht, aber soll sehr gut
helfen.

ROSWITHAS HOLLERSCHNEE

Alle Zutaten in ein Glasgefäß geben und einen Tag in die Sonne stellen. Dann die Flüssigkeit durch ein Sieb filtern und in die Eismaschine füllen. Jeweils eine Kugel in ein Sektglas geben und auf die Hexen anstoßen.

240 g Holunderblüten
(ca. 44 Dolden)
ohne Stängel
500 ml Weißein
400 ml Wasser
400 ml Sekt
4 Nelken
Saft von 1 ½ Zitronen
200 g Zucker

MAIBOWLE

Suche im Wald frischen Waldmeister (Waldmutterkraut). Er darf noch nicht blühen. Wasche das Kraut und binde es zum Maikranz. Fülle zwei Flaschen fruchtigen Weiß- oder Apfelwein in ein Bowlegefäß und hänge den Kranz hinein, ohne dass die Stiele den Wein berühren. Lasse ihn einen Nachmittag lang ziehen, nimm den Kranz heraus und fülle eine Flasche trockenen Sekt dazu. Nach Belieben noch Fruchtzucker und Zitrone dazugeben. Waldmutterkraut ruft die unsichtbaren Waldbewohner herbei und stärkt die Liebeskraft.

frischer Waldmeister
2 Fl. fruchtiger Weiß-
oder Apfelwein
1 Fl. trockener Sekt
Fruchtzucker
Zitrone

Holunder - Hollerbusch

Der Hollerbusch liebt die Nähe der Menschen und kommt meist von selbst.
Seine Äste werden niemals ohne seine Einwilligung gestutzt. Die heilende Wirkung
des Holunders ist ungemein vielfältig: »Rinde, Beere, Blatt und Blüte, jeder Teil ist Kraft
und Güte, jeder Teil ist segensvoll.« Der Hollerbusch vermag negative Kräfte zu
sammeln und an die Erde weiterzugeben. Ein alter Brauch besagt, dass man zum
Segnen eines nahestehenden Menschen dessen Namen nennt und
dabei Holunderblüten in alle vier Winde streut.

HOLUNDERSEKT

Die Blüten entstielen und mit dem Essig, den Zitronenscheiben, dem Zucker und dem Wasser in einem glasierten Topf 5 Tage abgedeckt in einem warmen Raum stehen lassen. Gelegentlich umrühren. Dann abfiltrieren und in saubere Flaschen füllen. Vor dem Verkorken ein paar Reiskörner in die Flasche geben. Den Korken sicherheitshalber noch verdrahten. Mindestens 2, besser 3 Wochen dunkel und kühl lagern, liegend (!), und während dieser Zeit einmal pro Tag die Flasche drehen. Danach weiterhin kühl lagern und gut gekühlt trinken.

8 Holunderblütendolden
125 ml guter Essig
4 Zitronen in Scheiben
400 g Zucker
5 l Wasser
einige Reiskörner

ROTER HEXENSCHAUM

Den Wein mit Zucker und Zimt erwärmen. Die Eier schlagen und dazugeben. Weiterschlagen, bis der Hexenschaum sich zeigt.

1 Glas Rotwein
Zucker Zimt
4 Eier

Brennnessel

Die Brennnessel sorgt für Haare auf den Zähnen, wenn man zu nett ist,
aber auch für Glanz im Haar. Sie fördert den Fluss der Muttermilch, reinigt Blase und
Niere und das Blut. Brennnessel wirkt auch bei Rheuma, Gicht und Strahlenschäden.
Gemahlene Brennnesselwurzeln und -samen eignen sich als Würze.

NESSELSUPPE

FÜR 4 PERSONEN

3 EL Olivenöl
1 Zwiebel
400 g gewaschene, junge
Brennnesselblätter
1 l Gemüse- oder
Hühnerbrühe
2 gestrichene EL Mehl
1 TL Oregano
Pfeffer
saure Sahne
Muskat
einige Spritzer
Worchestersauce
Parmesankäse zum
Bestreuen

Die Zwiebelwürfel im Öl glasig dünsten, die feingehackten Nesseln dazu-geben und unter Rühren 5 Minuten weiterdünsten. Das Mehl darüber stäu-ben, unterrühren und die heiße Brühe dazugießen. Oregano, Muskat, Pfeffer und Worchestersauce hinzufügen. Eine Viertelstunde simmern lassen. Mit einem Löffel saurer Sahne servieren und mit Parmesankäse bestreuen.

Waldelfentipp

Gegen das Brennnesselbrennen auf der Haut hilft
das Einreiben mit Sauerampferblättern.

BRENNNESSELGEMÜSE

Die gehackten Zwiebeln und den Knoblauch in Butter anschwitzen, die Brennnesseln dazugeben und in dem Weißwein köcheln. Die Bärlauchblätter fein wiegen und dazugeben. Mit den Gewürzen abschmecken. Die Sahne mit dem Frischkäse und dem Zitronensaft verrühren und unterrühren.

1 Glas Weißwein
1 Topf voller junger Brennnesselblätter
2 Zwiebeln
junge Bärlauchblätter
Muskat
Salz
Pfeffer
1 Becher saure Sahne
1/2 Frischkäse
etwas Zitronensaft
Cayennepfeffer
1 Prise Zucker

KÄSE-PETERSILIENNOCKEN MIT BRENNNESSELCREME

Für die Nocken den Käse reiben und mit den Eigelbe, dem Quark und den Semmelbröseln zu einem Teig vermengen. Gehackte Petersilie und sehr steif geschlagenes Eiweiß vorsichtig darunter heben. Würzen. Mit einem Teelöffel kleine Nocken abstechen und in sprudelndes Salzwasser geben. Dann 5 Minuten ziehen lassen.

Für die Brennnesselcreme die Zwiebeln und den Knoblauch andünsten. Die Brennnesselblätter dazugeben und so lange dünsten, bis sie zusammenfallen. Unter Rühren das Mehl dazugeben. Das Gemüse knapp mit der Brühe bedecken. 15 Minuten köcheln lassen. Alles pürieren. Es soll eine geschmeidige Creme geben. Mit Muskat, Pfeffer und Salz abschmecken. Den Parmesan darüber reiben und die Petersilie dazugeben. Umrühren. Die Nocken darauf verteilen. Fertig.

2 Schüsseln voller junger Brennnesselblätter
4 Zwiebeln
einige Knoblauchzehen oder Knoblauchrauke
6 EL Olivenöl
4 EL Mehl
Fleischbrühe oder Gemüsebrühe
2 Bund glatte Petersilie
Muskatnuss
200 g geriebener frischer Parmesan

NOCKEN
200 g würziger Käse
200 g Quark
6 Eigelb
6 Eiweiß
10 El Semmelbrösel
2 Bund Petersilie
Salz
Pfeffer
100 g geröstete Pinienkerne

HEXENFEUER MIT FISCHEN, FLEISCH, KRÄUTERZWIEBELN UND KRÄUTERKARTOFFELN GEFÜLLT

Grabt ein Loch, das einen halben Meter tief ist. Fleisch oder Fische werden in faustgroße Portionen geschnitten. Ausgenommene Fische von Forellengröße bleiben ganz. Die einzelnen Portionen wickelt man dann in möglichst große, frische Blätter – mehrere Lagen – legt sie in die Grube und häuft eine fingerdicke Schicht Erde oder Sand darauf. Darüber brennt dann für eine gute halbe Stunde das Feuer. Jetzt werden Glut und die Deckschicht entfernt und die heißen Pakete herausgeholt – am besten mit zwei Gabelstöcken.

Die Kartoffeln und Zwiebeln mit Hexenkreuzen versehen. Dahinein einige Tropfen Olivenöl geben und in die Zwiebeln ein Paar Blättchen Rosmarin, in die Kartoffeln Thymian stecken. Wenn man zusätzlich einen Eisennagel der Länge nach durchsteckt, garen die Kartoffeln schneller. In Blätter gewickelt kommen sie zu den Fischen ins Hexenfeuer.

Fische
Fleisch
Blätter
Kartoffeln
Zwiebeln
Olivenöl
Rosmarinzweige
Thymianzweige
Eisennägel

KALTE SAUCEN ZUM HEXENFEUER
BASILIKUMSAUCE

2 Hände voll
Basilikumblätter
3 EL Olivenöl
1 Becher Creme Fraiche
1/2 Zitrone
1 Eigelb
1 TL scharfer Senf
Cayennepfeffer
Salz Pfeffer

Olivenöl, Creme Fraiche und Zitronensaft verrühren. Das Eigelb unterziehen. Die kleingehackten Basilikumblätter dazugeben und mit Senf, Cayennepfeffer, Salz und Pfeffer abschmecken.

DILLSAUCE

6 EL scharfer Senf
5 El Zucker
2 EL Weinessig
6 El Sonneblumenöl
1 großer Bund Dill
Salz
Pfeffer

Den Senf mit dem Zucker und dem Essig verrühren. Das Öl mit dem Schneebesen untermischen. Den Dill dazugeben und mit Salz und Pfeffer abschmecken.

EIERSCHNITTLAUCHSAUCE

2 hartgekochte Eier
1/8 l Kefir
100 g Schmand
2 Bund Schnittlauch
1 TL Senf
Zitronensaft
Salz und Pfeffer

Die Eier mit dem Kefir und Schmand pürieren. Den Schnittlauch klein schneiden und mit dem Senf dazugeben. Mit Zitronensaft, Salz und Pfeffer abschmecken.

LACHS MIT HASELNÜSSEN

Den geschuppten, ausgenommenen, gewaschenen Lachs mit etwas Salz bestreuen und 15 Minuten stehen lassen. Das Gemüse in längliche Stücke schneiden und in leicht gesalzenem Wasser blanchieren. Nun kommt es zusammen mit der feingehackten Zwiebel, Dill, Nüssen und Wein in eine gefettete ofenfeste Form. Den Fisch noch einmal spülen, abtrocknen, mit etwas Salz und Pfeffer bestreuen und in die Mitte der Form legen. Diese bei 200° C 20 Minuten in den Ofen stellen, dann den Fisch wenden und weitere 20 Minuten braten. Mit dem Gemüse und den Nüssen servieren.

FÜR 4 PERSONEN

1 Lachs, ca. 1 kg
das Weiße von
2 Stangen Lauch
4 Karotten
1 kleine Zwiebel
250 g Haselnüsse
1 Bund Dill
400 ml Weißwein
Salz, Pfeffer

PFINGSTBRATEN IN HAGEBUTTENTEESAUCE

Tees kochen und abkühlen lassen. Das Fleisch eine Nacht lang in der Tee-Rotwein-Gewürzmischung mit der Orangenschale ohne Salz ziehen lassen. Das Gemüse sehr klein schneiden, würfeln und in der Butter andünsten. Das Fleisch aus der Marinade nehmen und mit Salz einreiben. In einen großen Bräter legen, die Gemüse dazu und mit einem Teil der Marinade übergießen. In den Backofen bei 160° C schieben. Alle halbe Stunde mit der Marinade übergießen. Nach ca. 6 Stunden ist der Braten fertig. Kurz vor Schluss (15 Minuten zuvor) den Braten mit einem kleinen Teil des Hagebuttenmarks bestreichen und die Sauce mit dem Hagebuttenmark anreichern. Den Braten mit der kleingehackten Petersilie bestreuen, 10 Minuten ruhen lassen und dann in Scheiben schneiden.

FÜR 12 PERSONEN

3 kg Rinderschmorbraten
aus der Keule
1 l trockener Rotwein
1/2 l mittlerer Sherry
3 Tassen schwarzer
kräftiger Tee
1 Tasse Hagebuttentee
6 Lorbeerblätter
9 Nelken
2 Zimtstangen
1 Orangenschale
3 EL weißer
frischer Pfeffer
Kristallsalz
6 Zwiebeln
5 Karotten
1/4 Sellerie
2 Stangen Lauch
90 g Butter
6 TL Hagebuttenmark
Ein Bund Petersilie

MAIBOCK MIT MET

Das Fleisch in eine Bratenpfanne legen. Gut einölen. Die zerriebenen Gewürze darauf verteilen. Aus den Speckscheiben einen Speckmantel bauen. Den Ofen auf 200° C vorheizen. Wenn der Speck glasig geworden ist, das Fleisch mit Met begießen. Immer ca. 1 cm Flüssigkeit in der Pfanne halten ... Also nachgießen, wenn der Flüssigkeitspegel zu niedrig wird. Sonst wird der Bratensatz wegen des Honigs schwarz! Wenn der Speck knusprig ist und die »richtige« Farbe hat, den Herd auf 180° C zurückstellen und eventuell ein Stück Alufolie lose über die Pfanne legen. Bratzeit mindestens 2,5-3 Std.

Man kann auch ein Gemüsebett aus kleingewürfelten Schalotten, Karotte, Sellerie, Petersilienwurzel unter dem Braten anlegen. Vor dem Servieren die Sauce durch ein Sieb schütten oder das Gemüse in der Sauce pürieren ... Geschmacksache. Die Sauce mit einer hellen Einbrenne und etwas Sauerrahm eindicken und mit Salz bzw. Gemüsebrühe abschmecken. Eventuell ein paar Teelöffel Hagebuttenmarmelade in der Sauce verrühren. Das Fleisch erst bei Tisch salzen. Als Garnitur eignen sich kleine ganze Birnen oder Birnenhälften mit Preiselbeeren.

1 Rehkeule ca. 2,5 kg
durchwachsener Speck
in Scheiben
Thymian
Rosmarin
Lorbeerblätter
Wacholderbeeren
Pfeffer
1 Flasche Met
(oder Rotwein, ist eher
klassisch, aber Met ist
feiner im Geschmack)
Olivenöl

Bärlauch Bärenlauch, Hexenzwiebel, Waldknoblauch, Wurmlauch, Zigeunerzwiebel

Bärlauchteppiche findet man in Laub- und Mischwäldern, an Hängen und Talgründen in feuchtem, tiefgründigem Lehmboden. Er möchte frisch verwendet werden. Während die Blätter und Samen im April oder Mai gesammelt werden, lassen sich die Zwiebelwurzeln im Herbst graben. Nach dem Erhitzen verwandelt sich der starke Geruch in ein mildes Knoblaucharoma. Bärlauch entschlackt, reinigt die inneren Organe und das Blut.

MILDES BÄRLAUCHPESTO

5 Bund Bärlauch
50 g Walnüsse
50 g Parmesan, Pecorino
oder ein anderer Hartkäse
150 ml Olivenöl
Salz

Für das Pesto Nüsse und Bärlauch im Mixer pürieren, in eine Schüssel geben und langsam mit dem Schneebesen das Öl unterrühren. Zurückhaltend salzen. Dann den Käse in die Mischung rühren, bis die gewünschte Konsistenz erreicht ist. Luftdicht im Kühlschrank aufbewahren. Nach jeder Entnahme etwas Öl nachgießen.

REHBOCKBRATEN MIT BÄRLAUCHPESTO-KRUSTE

1 entbeinte Rehkeule
1 Flasche herber
Schaumwein
2 –3 EL Bärlauchpesto
2-3 EL Olivenöl
eine Handvoll zerstoßene
Walnüsse/Haselnüsse
2-3 EL geriebener
Hartkäse

Bärlauchpesto in eine Schale geben und mit zusätzlichen Nüssen, Käse und Öl strecken. Das bratfertige – falls notwendig trocken getupfte Fleisch – in eine Bratenpfanne legen und mit Schaumwein übergießen, so dass in der Pfanne 1-2 cm Flüssigkeit stehen. Ist die Flüssigkeit abgelaufen und das Fleisch wieder trocken, das Pesto gleichmäßig darauf verteilen und etwas andrücken. Eine Handvoll Haselnüsse in die Flüssigkeit legen und mitkochen lassen. Den Braten in den auf 170° C vorgeheizten Ofen stellen und pro Pfund 30 Minuten Garzeit rechnen. Falls die Kruste gegen Ende der Garzeit droht, zu dunkel zu werden, ein Stück Backpapier oder Alufolie lose darüber legen. (Dieselbe Methode kann man natürlich auch auf ein Stück Schweinebraten oder Putenbrust anwenden.) Den fertigen Braten kalt oder warm genießen.

Waldelfentipp

*Es gibt etliche Kräuter, die ein gutes Pesto ergeben:
Abgesehen vom Basilikum eignen sich Kerbel, Liebstöckel, Petersilie,
Pfefferminze, Zitronenmelisse, Dost, Sellerieblätter usw ...*

Rehbockrückenbraten

Die Beize $^1/_4$ Std. kochen, abkühlen lassen und durch ein Sieb schütten. Den Rehrücken mit der Beize begießen, er soll vollständig bedeckt sein. Mit etwas Öl abschließen. 24 Std. ziehen lassen. Das Fleisch aus der Beize nehmen und mit Küchenpapier abtupfen. Mit Salz, Pfeffer und Senf einreiben. Dann den Braten auf beiden Seiten anbraten, die Beize nach und nach zufließen lassen. Auf kleiner Flamme weitergaren, ca. 1$^1/_2$ Std. Den Speck mit den Zwiebeln separat anbraten und dazugeben. Mit der sauren Sahne abschmecken. Evt. noch etwas Zitronen- oder Orangensaft dazugeben.

$^1/_2$ Birne, mit Vogelbeermus (siehe S. 129) gefüllt dazureichen.

Für 6 Personen

1 Liter Rotweinbeize
(siehe Beizen, S.16)
2 kg Rehrücken
250 g Speckwürfel
3 Zwiebeln
Salz
Schwarzer Pfeffer
1 EL Senf
1 Becher saure Sahne
$^1/_2$ Zitrone oder Orange
nach Belieben

Capra

Das Fleisch mundgerecht in Würfel schneiden und in eine Schüssel geben. Die Gewürze darüber streuen. Mit Rotwein aufgießen und über Nacht kühl ziehen lassen. Das Olivenöl erhitzen. Die gehackte Zwiebel darin andünsten und das Fleisch anbraten. Etwas Wein aus der Marinade mit Nüssen, Rosinen und den ganzen Frühlingszwiebeln dazugeben. Immer wieder mit Wein auffüllen und auf kleiner Flamme weitergaren, bis das Fleisch weich ist. Ist die Sauce zu dünnflüssig, eine Scheibe getoastetes Sauerteigbrot in etwas Rotwein aufweichen, zerreiben und in der Sauce mitköcheln lassen.

Für 6 Personen

1 kg Ziegenfleisch
1 l Rotwein
2 Lorbeerblätter
2 Rosmarinzweige
3 Salbeiblätter
1 TL grob zerstoßene
schwarze Pfefferkörner
6 EL Olivenöl
1 feingehackte Zwiebel
das Weiße von
6 Frühlingszwiebeln
1 Tasse Walnüsse
$^1/_2$ Tasse Rosinen

BÄRLAUCH-LAMMSPIEßE

FÜR CA. 15 PERSONEN

1 Lammkeule (ca. 4 kg)
Bärlauchsamen
Bärlauchblätter
3 Zweige Salbei
einige Zweige Thymian
Olivenöl
reichlich Pfeffer oder
Cayennepfeffer
1 Glas Sherry
1 Glas Olivenöl
Paprika in allen Farben
Zwiebelstücke

Die Lammkeule in kleine Fleischwürfel teilen – je nach Feuer und Spieß-größe. Die Kräuter hacken und mit den Bärlauchsamen unter das Fleisch mischen. Olivenöl und Sherry dazugeben. Kräftig pfeffern und alles über Nacht ziehen lassen. Am nächsten Tag die Holzspieße auffädeln. Immer abwechselnd Paprika, Zwiebel und Fleisch. Die Spieße beim Braten mit Bier übergießen. Vorsicht: sie sind schnell gegart. Wer das Fleisch lieber innen rosa mag, sollte aufpassen.

SCHARFES BÄRLAUCHPESTO

Einen halber Rucksack
frischer Bärlauchblätter
150 g Olivenöl
50 g Parmesankäse
50 g Walnüsse
Salz
Pfeffer
Chilipulver
Pinienkerne

Die noch jungen Bärlauchblätter am besten Ende April/Anfang Mai pflücken. In der Küchenmaschine pürieren. Das Püree in eine Schüssel füllen und mit Salz, Pfeffer und Chilipulver würzen. So viel Parmesankäse dazugeben, dass eine festere Konsistenz entsteht. Mit Olivenöl auffüllen und alles verrühren, bis eine cremige Masse entsteht. Das Pesto in kleine Gläser füllen und luftdicht verschließen. Es hält einige Monate.

SPARGEL IN WEIßWEINSAUCE

2 kg Spargel
1/4 Butter
ein Glas Weißwein
Salz
Weißer Pfeffer
Zucker
1 Becher Sahne
Petersilie

Spargel schmeckt am besten, wenn er ohne Wasser gegart wird. So entfaltet sich der volle Spargelgeschmack. Dazu den Spargel schälen und nach Wunsch in Stücke schneiden. Man kann ihn auch ganz lassen, dann verlängert sich jedoch die Garzeit um einiges. Die Butter auf kleinster Flamme schmelzen. Ein Glas Weißwein dazugeben. Den Spargel in die Wein-Butter-Mischung geben, mit Salz und weißem Pfeffer und einer kräftigen Prise Zucker würzen und den Topf fest verschließen. Auf der kleinsten Flamme wird weitergegart für ca. 3/4 Stunde. Dabei immer mal wieder den unteren Spargel nach oben rühren. Zum Schluss den Becher Sahne auf dem Spargel verteilen und im offenen Topf noch einige weitere Minuten einkochen lassen. Dazu gibt's natürlich neue Kartoffeln.

SCHNELLSTE HOLLÄNDISCHE SAUCE

Diese Zubereitungsart ist supereinfach und garantiert die gleiche Saucen-qualität wie die des umständlichen Wasserbads. Außerdem geht sie nie schief, auch nicht bei Gewitter.

Butter erwärmen. Alle Zutaten bis auf die Butter mit dem Pürierstab schau-mig rühren. Langsam die warme Butter dazugießen und den Pürierstab dabei von unten nach oben bewegen. Sekunden später ist die Sauce fertig. Wer möchte, kann noch Basilikum oder Petersilie unterheben.

2 Eigelbe
1 EL Joghurt
1/2 Zitrone
Salz
1 Prise Zucker
250 g heiße Butter

MAIBUTTER

Den Wein zuerst in den Topf, dann die Butter auf kleinster Flamme darin schmelzen. Kräuter, Salz und Pfeffer dazu, die Prise Zucker und über die Kartoffeln und Spargel gießen.

Wenn noch Butter übrig sein sollte, kann sie auch ruhig im Kühlschrank wieder fest werden und schmeckt dann auf Brot.

Ein Schluck Wein
250 g Butter
Kräuter der Saison,
wie Petersilie, Kerbel,
Basilikum,
Zitronenmelisse,
Schnittlauch
Salz
Pfeffer
1 Prise Zucker

LACHSPATÉ MIT BAGUETTE

Den Lachs sehr klein schneiden. Frischkäse, saure Sahne, Quark und Meerrettich verrühren. Mit dem Lachs vermischen und Zitronensaft von einer halben Zitrone dazugeben. Etwas von der Schale dazu reiben. Mit Salz und Pfeffer abschmecken. Den Schnittlauch und die Petersilie oder die Kräuter sehr fein hacken und darunter geben. Es möchte eine cremige Masse entstehen. Gegebenenfalls noch etwas süße Sahne oder Milch dazufügen. Einige Stunden ziehen lassen. Das Lachspaté in kleine Schälchen füllen und Baguette dazu servieren. Fertig ist eine sehr frische Frühlingsvorspeise.

1 Paket Räucherlachs
1 Frischkäse
1 saure Sahne
100 g Magerquark
1/2 Zitrone
1 Bund Schnittlauch oder
einige Blätter Estragon
und einige Zweige Dill
1/2 Bund Petersilie
Kristallsalz
Pfeffer
1 EL Meerrettich

RÄUCHERLACHS MIT BASILIKUM AUF PFANNKÜCHLEIN

Den Lachs fein würfeln. Die Schalotte und die Kräuter klein hacken. Alles mit dem Olivenöl vermischen. Die Lachsmischung auf sehr kleine, runde, salzige Pfannkuchen (s. Seite 131) streichen.

600 g rohes Lachsfilet
oder Räucherlachs
1 Schalotte
3 EL Olivenöl
frischer Koriander
1/2 Bund Basilikum
Kristallsalz
Pfeffer

Grüne Kräutersauce

Ein dickes Bündel frischer
Wildkräuter
z. B. Löwenzahn,
Sauerampfer, Vogelmiere,
Breitwegerich,
Gänseblümchen,
Knoblauchrauke
vermischt mit
einigen Gartenkräutern
z. B. Dill, Borretsch,
Pimpernelle und Petersilie
2 hartgekochte Eier
2 EL Senf
Saft einer Zitrone
2 Becher Saure Sahne
1 Becher Schmand
2 Becher Sahne
Salz und Pfeffer

Alle Kräuter hacken. Die Eier ebenfalls klein hacken. Den Senf dazugeben. Die Sahne mit der sauren Sahne verrühren. Die Kräuter unterrühren. Es sollen so viele sein, dass die Sauce grün aussieht. Dann mit dem Zitronensaft, Salz und Pfeffer abschmecken.

Dazu gibt`s neue Pellkartoffeln.

Altdeutsche Spinattorte

Teig
250 g Mehl
125 g Butter
1 Ei
Salz
Pfeffer
Parmesankäse

Füllung
1 kg Blattspinat
1 Bund Petersilie
1 Zwiebel
1 Knoblauchzehe
3 Eier
Evt. Speck
1 Tasse geriebener Käse
1 Tasse Semmelbrösel
Parmesankäse
1 Becher Sahne
Muskatnuss
1 TL Salz
schwarzer Pfeffer

Aus den Zutaten einen Mürbeteig bereiten und diesen ausgerollt in eine Springform füllen. Einen kleinen Rand bauen. Den Boden mit etwas Parmesankäse bestreuen.

Den Blattspinat in wenig Salzwasser kochen, zerkleinern. Die gehackte Petersilie unterrühren. Die Zwiebel und den Knoblauch hacken und in Butter oder Speckwürfeln anbraten. Pfeffern und salzen. Ebenfalls unter den Spinat rühren. Die 3 rohen Eier mit dem Becher Sahne, der Tasse geriebenem Käse und den Semmelbröseln verrühren, mit Muskat, Pfeffer und Salz abschmecken. Den Spinat abtropfen lassen und mit dem Eier-Käse-Sahne-Gemisch vermengen. Die Masse auf den Mürbeteigboden geben. Noch etwas extra-Käse darauf reiben, mit Butterflöckchen bedecken und mindestens 35 Minuten bei 180° C backen. Die Torte ist fertig, wenn keine Flüssigkeit mehr austritt.

Holunderblütenkaltschale

600 g Holunderblüten
$1/2$ l Milch
200 g Honig
6 Eigelb
geriebener Ingwer oder
Kalmus nach Geschmack

Die Milch aufkochen und die abgezupften Blüten kurz darin ziehen lassen. Die Blütenmilch durch ein Sieb passieren. Honig, Eigelb, Ingwer/Kalmus einrühren und kaltstellen.

Maibockhörner

125 g Zucker
250 g Mehl
4 Eier
1 Prise Salz
Butter zum Ausbacken
Zucker und Zimt zum
Bestreuen

Aus Zucker, Mehl, Eiern und Salz einen weichen süßen Nudelteig kneten. Daraus jetzt die Hirschhörner formen. Sie werden in geschmolzener Butter gebacken und dann mit Zucker und Zimt bestreut.

ERDBEERKUCHEN

Den Tortenboden mit Erdbeermarmelade einstreichen. Ein Päckchen Vanillepudding mit sechs EL Zucker und dem $1/4$ l Milch aufkochen und über der Marmelade verteilen. Die Erdbeeren waschen, halbieren und auf dem Pudding anordnen, bis der Kuchen komplett bedeckt ist. Den Tortenguss mit dem Johannisbeersirup und dem Zitronensaft aufkochen und darüber gießen. Im Kühlschrank abkühlen lassen. Dieser Kuchen erfreut alle kleinen und großen Hexen.

1 Tortenboden
1 Pfund Erdbeeren
1 Päckchen Vanillepudding
$1/4$ l Milch
Zucker
Johannisbeersirup
Erdbeermarmelade
1 Päckchen Tortenguss

Waldelfentipp

Mit Tortenguss kann man verunglückte, zu flüssig gewordene Marmelade retten. Dazu einfach ein Päckchen Tortenguss in die Marmelade streuen und das Ganze noch mal aufkochen.

BEHEXTER ROTWEINKUCHEN

Dieser Kuchen eignet sich besonders für Hexen, die sich gerne vorbereiten. Er kann einige Tage zuvor gebacken werden, denn er wird immer besser, je länger er steht. Dabei ist die Kuchenform wichtig: Es muss eine Springform mit Ausbuchtungen von 26 cm Durchmesser sein.

In einem kleinen Topf werden die Eier mit 50 g Zucker sehr schaumig geschlagen. In einer großen Schüssel dann die Butter, 200 g Zucker und den Vanillezucker schaumig rühren. Die Eimasse vorsichtig unterziehen. Rotwein, Mehl, Backpulver, Zimt. Kakao und Schokoladensplitter gut dazumischen. Bei 200° C 15 Minuten backen, dann die Hitze auf 180° C reduzieren und 35-40 Minuten ausbacken. Sobald der Kuchen ausgekühlt ist, einen Guss aus Rotwein und Puderzucker herstellen und den Kuchen sorgfältig damit überziehen. So kann er gelagert werden bis zum Fest.

250 g Butter
200 g Zucker
1 Päckchen Vanillezucker
4 Eier
50 g Zucker
125 ml trockener
Rotwein
250 g Mehl
1 Päckchen Backpulver
$1/2$ TL Zimt
1 TL Kakao
100 g geriebene
Bitterschokolade

GUSS
150 g Puderzucker
Ein Schnapsglas Rotwein

Litha
Sommersonnenwende

Die weibliche Kraft der Göttin hat jetzt den Höhepunkt ihrer Fülle erreicht. Sie entspricht der vollen Mondin, die der Sonne direkt gegenüber tritt. Damit verwandelt sich die Geliebte in eine Liebende. In roter Mondinnenfarbe erscheint sie, das Leben selbst verkörpernd, bereit zur verpflichtenden Vereinigung – der Heiligen Hochzeit mit ihrem Gegenpol, der Sonne. Als reife Frau wird sie zur Fruchtbarkeit spendenden Ernährerin und Mutter – voll erblüht regiert sie über den Sommer. Ihre Gebiete sind Erde und Meer. Sie besitzt magische Zaubergürtel, Ringe, den Liebesapfel und das Weltenei. Ihr zu Ehren werden Liebessymbole gezeichnet und geformt. Nach altem Brauch werden drei mal drei Kräuter und Blumen zu Kränzen gewunden. Als Kronen der Göttin im Haus aufgehängt schmücken sie das folgende Jahr und sorgen dafür, dass das Liebesglück das Haus nicht verlässt. Sie können z. B. aus Rosen, Johanniskraut, Kornblumen, Lilien, Eichenlaub, Beifuß, Mohn, Rittersporn und Farn bestehen. Kamille und Thymian sind ebenfalls Kräuter der Sommergöttin.

Bei dem Fest der Heiligen Hochzeit verbindet sich die reife Göttin in der Nacht zur Sommersonnenwende mit ihrem jetzt erwachsen gewordenen Sonnensohn in ehelicher Gemeinschaft und segnet auf diese Art die Früchte der Erde mit dem Versprechen, sich um sie zu kümmern, für sie Sorge zu tragen. Aus der gereiften erotischen Kraft dieser Verbindung heraus lässt sich die Weltenordnung erhalten. Das mythische göttliche Paar vereint die männlichen und weiblichen Prinzipien in allumfassender Androgynität und sprengt damit das dualistische Empfinden. Die Erde mitsamt ihrer Arten- und Formenvielfalt wird so in einem Zustand des Gleichgewichts gehalten. In diesem heiligen Moment erfährt die Welt sich selbst in ihrer Ganzheit. Alles wird von der Liebeskraft des mythischen Paars berührt. Ohne diese kein Leben.

Die heilige Vermählung wird gefeiert, da sie für das Wohlergehen der Erde unerlässlich ist. Nach einem frühen heidnischen Brauch wurden zur Sonnenwende Blumenteppiche und duftende Kräuter gestreut, um das göttliche Paar einzuladen. Noch heute springen junge Paare durch die aus neunerlei Holz gebauten Sonnenwendfeuer von einer Jahreshälfte in die andere, um Unheil abzuwehren und zu überwinden, sich von Krankheiten zu reinigen und die glückselige Ekstase zu feiern. Paarweise um das Feuer getanzt, verstärkt sich der Zauber um ein Vielfaches. Früher gürtete man sich dazu mit Beifuß, trug einen Kranz aus Gundelrebe und hielt Eisenkraut in der Hand.

Mondfeuerräder rollen in der Nacht des ersten Vollmonds nach der Sonnenwende die Berge hinab, den spiralförmigen Ablauf der aufeinanderfolgenden
zyklischen Jahreszeiten und damit die Bewegung der Zeit symbolisierend.

Auch die Natur trägt die Zeichen der überfließenden Fülle und Reife. Der
längste Tag bringt das meiste Licht mit sich. Die Sonne entfaltet ihre größte
Kraft am Tag, da das Tierkreiszeichen Krebs und damit auch die mächtigste
Zeit der ihm zugeordneten Mondin beginnt. Feuer- und Wasserzauber verbinden sich zu großer Wirksamkeit. Im Märchen öffnen sich in dieser Nacht Türen
zu verborgenen Schätzen, verwunschene Prinzessinnen können erlöst werden,
und frisch geerntete Unsterblichkeitskräuter werden zu Sonnenaufgang mit
silbernen oder goldenen Scheren geerntet, um Tote zum Leben zu erwecken.
Grund genug, diese Nacht voller Freude und Lust zu feiern.

Ab Mitte Juni wird das Schwarzwild gejagt. Karpfen und Zander sind in der
Laichzeit und werden nicht gefangen. Dafür gibt es Forellen, Süßwasserlachse,
Makrelen und Heringe. Kirschen und Johannisbeeren wachsen, zudem eine
Vielzahl von Gemüsen.

Die reiche Sonnentafel drückt durch überquellende Schalen mit Früchten
und Blumen Fülle aus. Johanniskraut und Goldrute sind gerne dabei. Zum
Zeichen der Liebe und großen Freude schmücken sich die Feiernden mit
Blumen. Wer nach Christophskraut duftet, wirkt besonders betörend.

Fülle

Ein Blütenteppich
lädt ein...
Mein Herz
trommelt
den Rhythmus der Zeit.

Mittsommerpflanze: Thymian

*Thymian ist der Sonne zugeordnet. In einem rituellen Bad wäscht
er den Kummer der Vergangenheit weg. Thymianräucherungen
reinigen und segnen das Haus. Thymianschnaps erweckt Mut und Stärke,
über sich selbst hinaus zu wachsen.*

Quendel

Feldthymian, Bergthymian, Geismajoran

*Quendel gehört zu den wichtigen Mutter- und Johanniskräutern.
Er wächst an trockenen steinigen Orten, Böschungen, an Wegrändern, auf trockenen
Waldwiesen und an Waldrändern. Gesammelt wird das blühende Kraut von Mai bis
August. Eine Besonderheit: Quendel macht Eierspeisen leichter verdaulich.
Er kann schädliche Erdstrahlen beseitigen und wirkt dem Thymian ähnlich krampflö-
send, entzündungshemmend und schleimlösend. Er vermag als Nerventonikum
Angstzustände zu beseitigen. Als Frauenkraut der Freya geweiht wurde es ins
Kissen der Gebärenden genäht. Schamanische Räucherungen beinhalten oft Quendel.*

EIERSALZ

5 g Quendel, gepulvert
5 g Rosmarin, gepulvert
1 g Wermut, gepulvert
12 g Kristallsalz

Alle getrockneten, gepulverten Kräuter werden mit dem Kristallsalz
gemischt.

THYMIANHONIG

Ein Glas mit frischem Thymian füllen, mit Honig auffüllen, sechs Wochen
stehen lassen.

GRAND-PÈRE JEAN'S PFIRSICH-ROTWEIN

1 Flasche Rotwein
4 EL Fruchtzucker
4 frische Pfirsiche
einige Blättchen
Zitronenmelisse

Die Pfirsiche mit der Haut in Stücke schneiden und in eine Karaffe füllen. Mit dem Rotwein aufgießen und dem Fruchtzucker süßen. Blättchen
darauf streuen. Über Nacht im Kühlschrank ziehen lassen. Schmeckt herrlich
erfrischend ...

Johanniskraut als Sonnentee

Johanniskraut wird zum Feuerzeichenmond bei Sonnenaufgang,
wenn es seine Blüte der Sonne zugewandt hat, gepflückt. Das Öl des Johanniskrauts
gilt als umgewandeltes Sonnenlicht. Johanniskraut vermag wegen seiner ungeheuren
Lichtsättigung das gespeicherte Sommersonnenlicht an andere Organismen
weiterzugeben. Es strahlt die Sommersonne in die finstersten Winkel der Seele,
vertreibt die Dunkelheit, Melancholie, Depression und Ängste,
euphorisiert und kann Lichterscheinungen hervorrufen.
Candidapilze z. B. lieben die feuchte Dunkelheit und siedeln sich gerne im Darm,
den Geschlechtsorganen und der Lunge an, wenn das Immunsystem gestört ist.
Der Johanniskrauttee, über einen längeren Zeitraum getrunken,
vermag Licht in diese »dunklen Machenschaften« zu bringen
und sie zu vertreiben.

JOHANNISKRAUTLIKÖR

Die Blüten mit der Zitrone in ein verschließbares Gefäß geben und mit dem Korn übergießen. Zwei Wochen in der Sonne stehen lassen und dabei täglich umdrehen. Die Flüssigkeit durch ein Sieb schütten und mit dem Honig oder Zucker anreichern. Den Honig zuvor in etwas warmem Wasser lösen. Solange schütteln, bis sich die Süße gelöst hat. Vor dem Essen genossen, stärkt der Likör das Gemüt und gleicht den Kreislauf aus. Sucht man Johanniskraut, kann einem auch schon einmal ein Schatz begegnen!

40 g getrocknete Johanniskrautblüten
1 kleingeschnittene Zitrone
160 g flüssiger Honig oder 80 g Zucker
1 l Doppelkorn

KROATSBEERLIKÖR (BROMBEERLIKÖR)

Brombeeren in ein Gefäß geben. Mit Kandiszucker und dem Klaren auffüllen. An einem warmen Platz sechs Wochen stehen lassen, täglich einmal schütteln. Danach wird die Flüssigkeit durch einen Kaffeefilter gegossen, abgefüllt und zieht.

300 g Brombeeren
300 g Kandis
1 Flasche klarer Schnaps

ISIS SCHNELLE BOHNENSUPPE

FÜR 10 PERSONEN

20 mittelgroße
mehlige Kartoffeln
2 kg Stangenbohnen
Bohnenkraut
Salz
Pfeffer
Thymian
2 EL Gemüsebrühe
Wasser
1 Becher süße Sahne

Kartoffeln in Würfel schneiden. Stangenbohnen vom Faden befreien, in daumengroße Stücke schneiden. Mit dem Wasser, den Kräutern, Gewürzen und der Gemüsebrühe 20 Minuten kochen. Zum Schluss mit der Sahne auffüllen. Schnell und gut!

MARIAS AUBERGINEN

6 Auberginen
1 Bund Basilikum
1 Bund Petersilie
8 Salbeiblätter
2 Knoblauchzehen
Sherry-Weißweinessig

Die Auberginen in $1/2$ cm dicke Scheiben schneiden. Salzen und auf einem Teller ausbreiten. Mit zwei weiteren Tellern und einem dicken Buch beschweren und mindestens eine Stunde stehen lassen. Die Auberginenscheiben dann abwaschen, trocken tupfen und in Olivenöl ausbraten. Auf einem Rost abtropfen lassen. Lagenweise in eine Form schichten und die Marinade aus den klein geschnittenen Kräutern, dem Knoblauch und dem mit Sherry angereicherten Weißweinessig dazwischenfüllen. Über Nacht durchziehen lassen.

MARIAS PAPRIKA

6 große Paprika
Himbeer-Balsamico
1 Bund Petersilie
2 Knoblauchzehen
Kristallsalz
Pfeffer
Olivenöl

Die Paprika auf dem Holzofengrill (oder bei 250° C im Backofen) rösten, bis die Haut schwarz wird und Blasen wirft. Dabei mehrmals drehen. Die heißen Paprika mit einem feuchten Tuch abdecken, ein wenig abkühlen lassen und dann die Haut abziehen. Die Paprika einmal aufschneiden und den Saft dabei auffangen. Aus dem Saft, dem Himbeerbalsamico, dem Olivenöl, der kleingehackten Petersilie, den Knoblauchzehen, Salz und Pfeffer eine Marinade zubereiten und die Paprika darin über Nacht ziehen lassen.

WILDSCHWEIN AM SPIEß

Junger Wildschweinbraten mit Knoblauchkräutern: Rosmarin und Salbeiblätter von den Zweigen abstreifen und zusammen mit den Lorbeerblättern ganz fein schneiden. Knoblauch/Bärlauch im Mörser mit Öl, Salz und Pfeffer zu einer Paste zerreiben. Die fein gewiegten Kräuter dazugeben und eventuell das Ganze mit dem Pürierstab vermischen. Mit dieser »Creme« wird die Innenseite des Frischlings bestrichen, danach die Öffnung zugenäht. Die Außenhaut wird erst quer, dann längs eingeschnitten und mit Salz und Pfeffer eingerieben. Danach soll das bratfertige Schwein 24 Std. kühl ruhen. Jetzt steckt man es auf den Drehspieß.

Die Garzeit beträgt pro Kilo, bei kontinuierlicher Hitze, 20 Minuten pro Kilo. Wird der Frischling/Überläufer länger als 3 Stunden gedreht, ist es notwendig Ohren (Teller), Pfoten (Läufe) und den Pürzel mit Alufolie zu umwickeln. Vor dem Anschneiden lässt man den Braten 10 Minuten ruhen.

ÜBERLÄUFER MIT KRÄUTERHONIG

Die Schwarte längs und quer einschneiden. Petersilie, Knoblauch und Zwiebel sehr fein schneiden. Das Öl mit dem Zitronensaft, dem Senf, dem Honig und den anderen Gewürzen gut verrühren, die frischen fein gewiegten Kräuter darunter mischen. Die Marinade innen und außen gut verteilen und über Nacht ruhen lassen. Vor dem Braten die empfindlichen Teile mit Folie umwickeln und auf den Spieß stecken. Diesen 5 bis 6 Stunden drehen und den Braten dabei mit dem Bier, Apfelwein oder Met bepinseln. Pro Kilo 15 bis 20 Minuten Garzeit. Garprobe: Mit einer Fleischgabel oder einem scharfen Messer anstechen. Ist der austretende Saft noch rosa, sollte noch weiter gedreht werden. Den fertigen Braten vor dem Tranchieren 10 Minuten ruhen lassen.

FÜR 20-40 PERSONEN

junges Wildschwein ca. 10 kg
oder
ein Überläufer
ca. 18-20 kg, mit Schwarte,
küchenfertig

MARINADE FÜR
10 KG FLEISCH:
10 Knoblauchzehen oder
Bärlauch
6 Zweige Rosmarin
1 Zweig Salbei
5 Lorbeerblätter
2 EL Salz
2 EL schwarzer Pfeffer
100 ml Olivenöl
Salz und Pfeffer
für die Außenseite
Metzgerzwirn
zum Zunähen

MARINADE FÜR
18 KG FLEISCH:
150 ml Olivenöl
6 EL Zitronensaft
6 EL körniger Senf
6 EL Honig
3 EL Worchester Sauce
je 1 TL getrockneter
Rosmarin, Thymian,
Majoran, Gundermann
und Beifuß
1 TL Pfeffer
2 TL Salz
1 Bund Petersilie
1 Zwiebel
3 Knoblauchzehen
$^{1}/_{2}$ l Olivenöl
$^{1}/_{2}$ l Bier/Apfelwein/Met

ANGLER-FORELLE ODER STECKERL-FISCH

Kleinere Fische werden ausgenommen, geschuppt, gewaschen und mit etwas Salz bestreut. Suche grüne, nicht zu dünne Haselstöcke und stecke die Fische durch die Maulöffnung der Länge nach darauf. Nachdem das Frühlings-feuer heruntergebrannt ist, werden die glühenden Holzstückchen und die Asche zu einem Glutbett zusammengeschoben. Die Fische kann man jetzt an den Stöcken über die Glut halten oder die Stecken schräg über der Glut in die Erde stecken. Sie wollen gelegentlich gewendet und mit Salzwasser beträufelt werden, damit sie nicht verbrennen! Bei zu starker Anfangshitze bildet sich eine Kruste, die weiteres Eindringen der Hitze verhindert und das Garen des Fisches unmöglich macht. Also aufpassen...

Wasserpfeffer

Pfefferknöterich, Pfefferkraut, Scharfkraut

*Das Pfefferkraut wächst an feuchten Stellen, Gräben und Bächen.
Es wird zur Blütezeit im Juli oder August gesammelt und im Schatten
getrocknet. Wasserpfeffer wirkt gegen Entzündungen.
Er kann wunderbar als Chili- oder Pfefferersatz verwendet werden.*

Waldelfentipp

*Die Steckerlfische bekommen eine besondere
Räuchernote, wenn auf der Glut
immer mal wieder vorsichtig geriebene
Kräuter verbrannt werden oder
Sägespäne bestimmter Hölzer,
wie Wacholder, Nusshölzer o. ä.*

SONNENFERKEL - SPANFERKEL ALS RÄUBERGARUNG

Räubergarung war bei unseren Vorfahren beliebt, weil kein Rauch aufstieg und kein Duft Diebe anlockte. In diesem Fall gelingt sie so: Aus den zerkleinerten Knoblauchzehen und dem Ingwer, dem Zitronensaft, der Sojasauce und viel Salz und Pfeffer eine Marinade zubereiten. Das Ferkel von innen und außen damit einreiben. Über Nacht ziehen lassen. Am nächsten Tag wird ein Loch gegraben, das ein wenig größer ist als das Schwein. Als Begrenzung dienen Steine. In der Grube wird jetzt ein großes Feuer angezündet, das mindestens 4-5 Stunden brennen sollte. Die Steine müssen ganz heiß sein und ausreichend Asche sollte sich gebildet haben. Jetzt wird die Asche zur Seite gerecht und der Boden der Grube mit Kräuterbündeln ausgelegt – wie z. B. Rosmarin, Lorbeer, Fenchel u. ä. Darauf wird jetzt das Ferkel gebettet. Einige heiße Steine wandern in seinen Bauch. Nun wird es mit weiteren Kräuterbündeln zugedeckt. Pestwurz oder Bananenblätter kommen oben drauf zum Schutz. Jetzt wird das ganze Ferkel mit der heißen Asche und diese wiederum mit Erde bedeckt. (Unromantischer ginge es auch mit Wellblech.) Nach mindestens 5 Stunden ist die Räubergarung fertig und das Spanferkel kann wieder ausgegraben werden.

1 Spanferkel
10 Knoblauchzehen
100 g frischer Ingwer
5 Zitronen
1/4 l Sojasauce
Salz
Pfeffer
Gemischte wilde Kräutersträuße mitsamt der Zweige

Beifuß *Gänsekraut, Jungfernkraut, Sonnwendgürte, Buckele*

Beifuß war besonders bei den germanischen Ritualen als Räucherkraut beliebt. Er wird auch zu den Johanniskräutern gezählt. Mit frischem Beifuß konnten Krankheitsgeister vertrieben werden. Man strich mit den Büscheln über den Kranken und verbrannte sie dann. Am Johannistag gürtete man sich mit Beifuß, sprang durchs Feuer und warf den Gürtel vor dem Verlassen der Flammen unter Sprüchen und Reimen hinein.

*P*estwurz   *Großer Huflattich,*
Hutpflanze, Kraftwurz, Schneewurz

Die Pestwurz liebt feuchte Wiesen, Gräben und Ufer. Die Blätter, die erst nach
der Blüte erscheinen, werden bis zu 1 m breit und haben die größte Blattfläche
aller in Europa einheimischen Pflanzen. Die Wurzel enthält krampflösende
Wirkstoffe, die bei Magen- und Gallenbeschwerden helfen.
Der Saft der zerriebenen Pflanze vermag Vergiftungen zu heilen.
Ansonsten gilt die Pestwurz als Allheilmittel u. a. zur Beruhigung.
Die großen Blätter können zum Einwickeln von Fleisch
und Fisch dienen, statt Bananenblättern oder Alufolie.

TONHÜHNER

1 Huhn
100 g Butter
1 Knoblauchzehe
1 TL Zitronenthymian
2 TL Kräutersalz
(siehe S. 89)

Die Butter mit der zerdrückten Knoblauchzehe, dem Zitronenthymian und dem Kräutersalz vermischen. In das Huhn füllen. Die Außenhaut auf keinen Fall salzen! Das Huhn in gefettetes Butterbrotpapier einschlagen und mit einer dicken Lehmschicht umhüllen. Wem das zu viel Arbeit ist, der kann es auch in den Römertopf legen. In der Feuerasche bleibt es dann für ca. 2 $^1/_2$ - 3 Stunden. Die Lehmkugel wird über einer Schüssel geöffnet, um den Saft aufzufangen. Da hinein passen gut einige gegrillte Paprika. Natürlich kann man auch anderes Fleisch auf diese Art garen.

FRISCHLINGSKEULE IN ROTWEIN

2 kg Keule vom Frischling
$^1/_2$ l Rotwein
$^1/_4$ l Rotweinessig
1 EL Apfelessig &
1 EL Wasser
1 Scheibe getoastetes Sauerteigbrot
1 TL Ingwer- oder Kalmuspulver
1 TL Zimt
1 TL schwarze Pfefferkörner, grob gemahlen
$^1/_2$ TL Nelkenpulver
2 TL Salz

Zuerst wird die Sauce zum Begießen des Bratens hergestellt. Dazu Wein, Essig und Gewürze vermischen. Das Brot darin einweichen und sich vollsaugen lassen. Dann das Brot mit einer Gabel gut zerdrücken oder durch ein Sieb passieren.

Das Bratenstück kurz in kochendes Wasser legen und sofort herausnehmen, sobald es die Farbe geändert hat. Damit sind die »Säfte gefangen«. Dann wird das Fleisch auf einen Rost über eine Abtropfpfanne gelegt und mit der Gewürzsauce bestrichen. Als »Pinsel« kannst du einen Rosmarinzweig nehmen. In den auf 200° C vorgeheizten Backofen schieben. Den Braten öfters mit der Sauce bepinseln und kurz vor Ende der Garzeit die restliche Sauce darüber gießen. Ist die Sauce zu sehr reduziert, kann etwas Wasser oder Rotwein dazugegeben werden. Garzeit: bei 200° C 60 Minuten pro Kilo.

GRÜNE WALNÜSSE IN WEINBRAND – BEILAGE ZU FLEISCH UND WILD

Ende Juni, wenn die Nüsse völlig entwickelt, aber die Schalen noch weich sind, pflückt man 500 g fleckenlose, grüne Walnüsse. Zum Verarbeiten Handschuhe anziehen, da sonst die Hände von dem Saft schwarz werden! Die Nüsse werden mit einem Zahnstocher oder einer Spicknadel rundherum an mehreren Stellen eingestochen und 14 Tage in kaltes Wasser gelegt, das mindestens 2 mal, besser 3 mal täglich gewechselt wird. Danach werden die Nüsse in frisches, leicht gesalzenes sprudelnd heißes Wasser gegeben. Darin kochen sie dann 4-5 Minuten. Mit dem Schaumlöffel herausheben und abtropfen lassen. Inzwischen werden $^1/_8$ l Wasser und 500 g Zucker unter Rühren gekocht und abgeschäumt. Darin die Nüsse zusammen mit 10 Nelken, 2 Zimtstangen und der Schale einer Zitrone weich garen. Sie werden herausgehoben und in ein Glas gefüllt. Den Zuckersaft ohne die Gewürze noch mal aufkochen, und wenn er etwas abgekühlt ist, über die Nüsse geben. Das Gefäß verschließen und 4 Tage stehen lassen. Die Flüssigkeit wird wieder abgegossen, aufgekocht und nach dem Abkühlen 1:1 mit Weinbrand vermischt. Jetzt wird die alkoholische Lösung über die Nüsse geschüttet, das Gefäß gut verschlossen und kühl aufbewahrt. Nach 4 Wochen kann probiert werden.

500 g grüne Walnüsse
500 g Zucker
$^1/_8$ l Wasser
Weinbrand
10 Nelken
2 Zimtstangen

SAGOFRUCHTSUPPE

Die Beeren roh pürieren, das Fruchtmark mit so viel Wasser auffüllen, dass alles zusammen 1 l ergibt, mit Zucker und Zitronensaft abschmecken, aufkochen lassen und Sago in die kochende Masse einrühren. 20 bis 30 Min. kochen lassen, bis das Sago durchsichtig ist.

Schonender für die Früchte: Sago in soviel Wasser kochen als notwendig ist, um das Fruchtmark auf 1 l aufzufüllen – eventuell noch 1 Glas Weißwein dazugeben. Das Fruchtmark mit dem Zucker nach 25 Min. dazugeben und aufkochen. Auf kleiner Flamme noch 5 Min. auf dem Herd lassen, dann zum Abkühlen beiseite stellen. Dazu gibt's Nussmakronen (siehe S. 117) und Schlagsahne.

1 kg gemischte Beeren
je nach Saison
Erdbeeren,
Himbeeren,
Johannisbeeren,
Stachelbeeren
40 g Sago
Zitronensaft
50-80 g Zucker
etwas Wasser

OMI EVAS KIRSCHPFANNE

Zwieback
1 kg Sauer- und
Süßkirschen
3 Eier
250 g Mehl
1,5 Tassen Milch
100 g Zucker
1 Päckchen Vanillezucker

Eine Kastenform mit in Milch eingeweichten Zwiebackscheiben auslegen. Diese mit Zucker betreuen. Mit Sauer- und Süßkirschen 1:1 auffüllen. Einen dicken Pfannkuchenteig aus 3 Eiern, Milch, Zucker, Vanillezucker und Mehl darüber gießen und wieder mit Zwieback abdecken. Warme Milch darüber gießen, erneut mit Zucker bestreuen und mit Butterflöckchen bedecken. Ca. 90 Min. bei 180° C backen.

RHABARBERKUCHEN

TEIG
250 g Mehl
125 g Maismehl
200 g Butter
1 Ei
100 g Zucker
1 Päckchen Vanillezucker

Aus den Zutaten einen Mürbeteig kneten und diesen auf dem Backblech ausrollen. Darauf die Füllung verteilen:

FÜLLUNG
150 g Butter
3 Eier
250 g Gelierzucker
1 Vanillezucker
2 EL Vanille-
puddingpulver
750 g Quark
150 g Grieß
1 TL Backpulver
500 g Rhabarber

Die Butter mit den Eigelb und dem Zucker schaumig rühren und unter den Quark ziehen. Das Eiweiß steif schlagen und unterheben. Das Vanillepuddingpulver mit dem Backpulver mischen und darüber sieben. Ebenfalls untermischen. Dann den Grieß dazu. Den Rhabarber in kleine Stücke schneiden, in Mehl wenden und darunter mischen. Ca. 40 Minuten bei 190° C backen.

Waldelfentipp

Dazu schmeckt auch süße Schlagsahne.
Diese bleibt länger steif,
wenn sie mit Puderzucker geschlagen wird ...
Tortenböden mit Eiweiß bestrichen,
weichen nicht durch beim Backen.

SCHNELLE BROMBEER- ODER HIMBEERSAUCE

Die Beeren mit dem Zucker 2 Minuten pürieren und den Zitronensaft dazufügen. Passt zu allen Puddings und Eis. Die Sauce hält sich mindestens 6 Wochen im Kühlschrank.

1 kg Brombeeren
oder Himbeeren
1 kg Zucker
$^1/_2$ Zitrone

HIMBEERKALTSCHALE

Die Hälfte der Himbeeren mit den Zimtstangen in sehr wenig Wasser kochen und durch ein Sieb passieren. Den gewonnenen Saft mit dem in etwas kaltem Wasser angerührten Stärkemehl aufkochen. Mit Zucker und Vanille nach Belieben süßen und abkühlen lassen. Die restlichen Himbeeren vorsichtig dazugeben und gut gekühlt servieren.

1 kg verlesene Himbeeren
2 Zimtstangen
40-50 g Stärkemehl
Vanillezucker
Zucker

FLAMMKUCHEN MIT HEIßEN HIMBEEREN

Einen Hefeflammkuchenteig zubereiten (siehe S. 42). Diesen mit der Quark-Ei-Mischung bestreichen. Die schnelle Himbeersauce mit einem Schuss Calvados vermischen und darüber geben. Frische ganze Himbeeren darauf streuen oder ein Sonnenradmuster legen. Für 15 Minuten bei 225° C auf der untersten Schiene backen. Der fertige Kuchen wird dann noch mit Melissenblättchen geschmückt. Das gleiche schmeckt auch mit Brombeeren. Diese können dann z. B. mit Mandelstiften bestreut werden.

Flammkuchenteig
250 g Quark
2 Eigelb
1 EL Sonnenblumenöl
oder Sesamöl
125 g Schmand
2 Päckchen Vanillezucker
schnelle Himbeersauce
1 Schuss Calvados
Eine Hand voll
Melissenblättchen

Lugnasad - Lammas
Kornfest
Schnitterfest

Am ersten August, zu Beginn des Erntemonats, ist es allmählich zu spüren: Die Nächte werden wieder länger. Die liebende Göttin verwandelt sich erneut, indem sie sich in Vorahnung auf die kommende dunkle Zeit der Unterwelt zuwendet und ihre Reise dorthin vorbereitet. Sie ist älter geworden und als Schnitterin bereit, Abschied zu nehmen von der Zeit der Fülle und den Früchten, die reichhaltig aus der Verbindung mit ihrem Geliebten hervorgingen. Mit ihrer Mondsichel trennt sie das reife Korn vom Feld und damit symbolisch den diesem innewohnenden Geist ihres Geliebten aus der Verbindung mit der Erde. Damit naht auch das Ende der irdischen Liebesverbindung heran. Die Früchte ihrer sorgenden Liebe und Wärme können jetzt geerntet und nach Hause getragen werden. Blühende Kornblumen und Rittersporn setzen das Zeichen der Reife. Das Korn wird gedroschen, gemahlen und Brot gebacken. Die ersten Hirschjagden beginnen.

Lugnasad galt als zweite Hochzeit (keltisch: Lugnasad = Hochzeit des Lug, des Feuerträgers), allerdings mit der Gewissheit um den todesbringenden Aspekt der Mond-Sonne-Beziehung. Der Sonnengemahl wurde bald darauf, zu Herbstbeginn, der Unterwelt übergeben, um dort seine Erfahrungen zu sammeln und der Weisheit der schwarzen Alten begegnen zu können.

Die Menschen gedachten der alternden Göttin durch Schnitterfeste, die sich vom ersten August bis zum ersten nachfolgenden Vollmond erstreckten. Diese Feste waren große Feuerfeste, bei denen riesige Holzstöße angezündet wurden. Bei den Inselkelten war drei Tage lang das Wasser tabu. Es durfte weder gewaschen noch gebadet, nichts genagelt und nichts dem Meer entnommen werden.

Lammas bedeutet Brotweihe (Hlaf-mass = Leibmesse), wobei die ersten aus dem frischen Korn gebackenen Brote der Göttin geopfert werden. Es ist die Zeit der Kräuterweihe für alle Kräuter, die das kommende Jahr bereichern werden. Auch sie werden der sich aus der Oberwelt zurückziehenden Göttin dargebracht. Sammeln lassen sich jetzt die Heilpflanzen: Baldrian, Schafgarbe, Beifuß, Arnika, Ringelblume, Salbei, Liebstöckl und Dill. Die Frauen pflücken und ernten sie vor Sonnenaufgang, schweigend, barfuß und möglichst ohne Gedanken. Dabei vermeiden sie es, eiserne Messer zu benutzen.

Den Tisch schmücken Getreidehalme, Körner und Brote, vielleicht auch in der Form einer Sichel angeordnet. Sie werden mit blühenden Kräutern dekoriert. Die »Schnitterwerkzeuge«, Klingen sind blankgeputzt. Traditionell gibt es auch einen Weihestrauch, ein Weihebüschel. Es besteht aus Rainfarn, Getreidehalmen und blauen Kornblumen, die den Himmelsmantel der Göttin repräsentieren und roten Kornraden, die dem Feuer geweiht sind. Umrahmt wird der Strauß von niedrig wachsenden Kräutern – Kamillenblüten, Quendel, Labkraut und Mutterkraut. In der geweihten Mitte befindet sich die Göttin selbst in Form einer Königskerze (Himmelsbrand).

Abschied

Abgeschnitten
die Erinnerung
an bessere Zeiten
hineingesehen
und geahnt
was wird vergeht.

Schnitterpflanze: Hafer

*Haferstrohkissen leiten posttraumatischen Stress ab. Hafer hilft
beim Entzug von Koffein, Alkohol, Tabak, Drogen. Haferflocken
oder Hafertee lindern Depressionen.*

ATHOLE BROSE

Heidehonig
Whisky
kaltes Wasser
Hafermehl

Ein Pfund Honig in einem Glasgefäß mit einer Tasse Quellwasser verrühren. Dabei einen Silberlöffel verwenden! Langsam 1 Flasche (70 cl) Whisky dazugeben und schaumig rühren. In Flaschen füllen und gut verschließen. Ursprünglich wurden noch ein paar Löffel feingemahlenes Hafermehl dazugemengt und die Flüssigkeit dann gefiltert. Das Hafermehl wird dabei so lange ausgepresst, bis es trocken ist. Wer möchte, kann auch noch $1/2$ Tasse Sahne dazumischen.

HOLUNDERGEIST

Holunderbeeren
Obstler

Mit den reifen, verlesenen Beeren wird eine Flasche gefüllt und mit Obstler aufgegossen. Drei Wochen soll die Flasche in der Sonne stehen und täglich einmal geschüttelt werden. Nach weiteren zwei Wochen Ruhe im Dunkeln wird das »Elixier« abfiltriert.

Dost, Wilder Majoran *Wohlgemut, Badchrut, Brauner Dost, Orantkraut, Oregano*

*Auf Kalk- und Kiesböden, an warmen Stellen, Südhängen, Böschungen,
südlichen Waldrändern und mageren Wiesen wächst der wilde Majoran.
Er wird während der Blütezeit von Juni bis August gesammelt und
im Schatten getrocknet. Tier und Mensch ins Essen gemischt,
kann ihnen niemand »wat andaun«.
Wohlgemut schützt Wöchnerin und Kind, die Griechen weihten ihn Aphrodite.*

KRÄUTERSALZ (STATT SALZ VERWENDBAR)

1/3 Basilikum, 1/3 Dost, 1/3 Thymian und Rosmarin im Mörser pulverisieren.

KARTOFFELBROTSUPPE

Die Kartoffeln und alle Zutaten klein schneiden. Die Kräuter fein wiegen. Das Weißbrot reiben. Mit Wasser auffüllen, so dass es ca. 5 cm über den Kartoffeln und Wurzeln steht. 1 Tasse Milch dazugeben. Salzen und pfeffern. Sobald die Zutaten weich gekocht sind, wird die Suppe püriert. Jetzt kommt die Sahne dazu und die Petersilie. Je nach Konsistenz noch Wasser nachfüllen. Mit Maggi und Muskatnuss würzen.

Den Schnittlauch darüberstreuen und servieren.

FÜR 6 PERSONEN

8 Kartoffeln
2 Zwiebeln
1 Knoblauchzehe
3 Scheiben trockenes Weißbrot
Suppengrün (Karotte, Petersilie, Lauch und ein Stück Sellerie)
1 Tasse Milch
1/3 Becher Sahne
Muskatnuss
Maggi
1 Bund Schnittlauch
1 Bund Petersilie
Salz Pfeffer

LAUCHSUPPE

Den Lauch in nicht zu feine Ringe schneiden. Endivien grob zerkleinern, Sauerampfer und Kerbel grob hacken. Das Gemüse salzen und pfeffern, mit 1,5 l heißer Brühe übergießen und 2 Std. köcheln lassen. Dann die geviertelten Kartoffeln dazugeben und weiterkochen. Wenn die Kartoffeln weich sind, die Suppe abgießen und warm stellen. Die Kartoffeln pürieren, mit der Butter vermischen und wieder in die Suppe rühren. Mit geröstetem Brot servieren.

5 Stangen Lauch
2 Köpfe Endiviensalat
Sauerampfer
Kerbel
1,5 l Gemüse- oder Fleischbrühe
500 g Kartoffeln
50 g Butter
Salz
Pfeffer

PILZSUPPE MIT RAHM

FÜR 12 PERSONEN

750 g Wiesen-
champignons
3/4 Zitrone
300 g Butter
6 EL Mehl
3 l Gemüsebrühe
1 1/2 Tasse saure Sahne
Salz
weißer Pfeffer
eine gute Prise Muskat
oder 1 TL Anis

Die Pilze in Scheiben schneiden und mit Zitrone beträufeln. Die Butter zerlassen und die Champignons darin andünsten, mit Mehl bestäuben und mit Brühe auffüllen. 10 Minuten kochen lassen, dann die Sahne zugeben und mit den Gewürzen abschmecken. Statt Muskat kann man auch 1 TL Anis im Mörser zerreiben.

MAISTOPF

100 g Butter
2 Zwiebeln
1 Knoblauchzehe
2 TL Kreuzkümmel
1 l Gemüsebrühe oder
Hühnerbrühe
1 Glas Weißwein
2 Kartoffeln
1 Tasse Dosenmais
2 Tassen frischer Mais
1 Bund Petersilie
1 Tasse Gouda
weißer Pfeffer, Salz
1/2 Becher Sahne
Schnittlauch
1 Schuss trockener Sherry

Die Zwiebeln mit dem Knoblauch und dem Kreuzkümmel im Kessel anbraten. Hühnerbrühe und geschälte, gewürfelte Kartoffeln dazu. Bei offenem Deckel 10 Minuten kochen. Den Dosenmais pürieren und zusammen mit den frischen Maiskörnern dazugeben. Weitere 10 Minuten simmern. Käse reiben und mit der Sahne vermischen. In die Suppe rühren. Petersilie dazu. Jetzt mit Wein und Sherry abschmecken. Den Rest selbst trinken! Die Maissuppe mit Petersilie bestreuen.

BROT

Aus dem Fladenbrot, das schon vor mehr als 10000 Jahren auf heißen Steinen gebacken wurde, entstand das erste gesäuerte Brot wahrscheinlich in Ägypten. Im Mittelalter verbreite sich das Brot dann in ganz Europa und wurde zum Grundnahrungsmittel. Dabei erwuchsen aus dem Brotlaib viele verschiedene Formen, wie (Sonnen-) Kugeln (Brötchen), (Mond-) Scheiben, (Glücksknoten-) Brezeln, (Zeit-) Spiralen und geflochtene Zöpfe (die drei Lebensfäden der Schicksalsgöttinnen verbindend).

Unsere heutigen Brote kann man auch im Feuer backen. Lege ein Blechfass (z. B. ein Olivenfass) mit Backsteinen aus und bohre in den Deckel einige Löcher. Der Brotteig kommt hinein und das Blechfass ruht in der Glut. Je nach Art des Feuerholzes nimmt das Brot einen wunderbaren Geschmack an.

FLADENBROT

Das Mehl mit dem Wasser, einigen EL Öl und dem Salz nach Gefühl zu einem geschmeidigen Teig kneten. Je nach Geschmack kann man dem rohen Teig auch Kräuter zufügen. Daraus runde flache Fladen formen, diese einige Male auf die das Feuer umgebenden Steine schlagen, bis alle Luft entwichen ist. Die Fladen garen in wenigen Minuten auf den Steinen. Dabei werden sie mehrere Male gewendet. Sie sind fertig, wenn der Teig Blasen wirft.

Mehl
Wasser
Öl
Salz

KRÄUTERFLADEN

Die Hefe mit der Prise Zucker, ein wenig Wasser und Mehl gehen lassen. Sobald sich Blasen zeigen, das restliche Wasser, Mehl, Salz und Butterflöckchen dazugeben. Daraus einen Teig kneten. $^1/_3$ der klein gehackten Kräuter untermischen. Die Teigkugel 20 Min. gehen lassen, erneut kneten und dann 10 kleine Fladen formen. Diese aufs geölte Backblech legen, mit ein wenig Öl bepinseln und mit dem Rest der Kräuter bestreuen. Den Knoblauch in kleine Schnitze schneiden und diese in die Fladen stecken. Noch zehn Minuten ruhen lassen und bei 180° C ca. 25 Minuten backen.

500 g Vollkornmehl
(Weizen)
10 g Hefe
1 Prise Zucker
$^1/_2$ l warmes Wasser
1 EL Salz
100 Butterflöckchen
Olivenöl
2 Thymianzweige
5 Salbeiblättchen
1 Zweig Rosmarin
einige Basilikumblättchen
Knoblauchzehen nach
belieben

KRÄUTERBROT

Das Mehl in eine Schüssel geben. In die Mitte eine Mulde drücken. Die Hefe hineinbröseln, den Zucker, 4 EL lauwarmes Wasser und ein wenig Mehl dazurühren. Zugedeckt 20 Minuten gehen lassen. Die Kräuter hacken und mit den Gewürzen, dem Salz, der weichen Butter vermischen und ebenfalls in die Mulde füllen. Alles zu einem Teig kneten und daraus einen großen Brotlaib formen. Die Oberfläche mit dem Messer in Zickzacklinien einschneiden. Den Brotlaib auf einer gefetteten Alufolie auf das Backblech legen (oder in das Olivenfass) und weitere 30 Minuten gehen lassen. Dann den Laib mit der zerlassenen Butter bestreichen und 55 Minuten bei 220° C backen. (Im Olivenfass wird das Kräuterbrot am besten mit Olivenöl bestrichen.)

250 g Roggenmehl
250 g Weizenmehl
40 g Hefe
1 Prise Zucker
$^1/_4$ l lauwarmes Wasser
1 Bund Petersilie
2 Bund Schnittlauch
Basilikum
Koriander
1 Tl Salz
Kümmel
75 g weiche Butter
30 g zerlassene Butter

Waldelfentipp

Selbstgebackene Brötchen oder Brot glänzen wunderbar,
wenn sie mit Eigelb oder einem dünnen aufgekochten
Stärkebrei bestrichen werden.

LAGERFEUERPILZE IN SAUERAMPFERBLÄTTERN

500 g unzerteilte
junge Pilze
1/2 Gläschen Weinbrand
2 EL Olivenöl
Sauerampferblätter
Pfeffer
Salz
Schnittlauch

Die Pilze kurz in Salzwasser kochen. Dann mit dem Weinbrand beträufeln und eine Weile ziehen lassen. Jetzt werden sie mit Öl bepinselt, mit den Sauerampferblättern umhüllt, in Alufolie eingeschlagen, mit Lehm umhüllt und garen so 1/2 Std. in der Asche. Nachdem sie ausgewickelt sind, werden sie mit Pfeffer und Salz gewürzt und mit Schnittlauch bestreut.

GEGRILLTE MAKRELEN MIT STACHELBEEREN

12 Makrelen
12 EL süßer Senf
12 Hände voll Stachelbeeren

Die Makrelen innen und außen mit süßem Senf bestreichen und auf dem Rost über dem Holkohlengrill braten.

Grüne Stachelbeeren in der Pfanne braten, bis sie zerlaufen. Vor dem Servieren über die Fische geben.

MAKRELE MIT PILZEN

FÜR 12 PERSONEN

12 frische Makrelen
3 Zitronen
90 g Butter oder Olivenöl
Pfeffer
Salz
1 1/2 Glas Weißwein
6 Tassen gedünstete
Rotkappen/
Austernseitlinge
3 Tassen Austernsauce

Die Makrelen häuten und entgräten, mit Zitronensaft säuern. Etwas einziehen lassen. Die Fische in eine feuerfeste, gebutterte Form legen, salzen und pfeffern, mit Weißwein begießen. Die Pilze in Butter dünsten, die Makrelen bei 200° C im Ofen 30 Minuten garen. Nach 10 Minuten die Austernsauce und die Pilze dazugeben.

GEBEIZTER LACHS

Den frischen, geschuppten Lachs halbieren. Mittelgräte und alle kleinen Gräten mit der Pinzette entfernen. Die Filets mit Küchenpapier trocken tupfen. Salz, grob zerstoßene Pfefferkörner und Zucker vermischen. Etwas davon auf eine Glas- oder Porzellanplatte streuen. Eine Lachshälfte mit der Hautseite nach unten darauf legen und mit der Salz-Zucker-Pfeffer-Mischung bestreuen. Dann mit feingeschnittenem Dill bedecken. Die zweite Lachshälfte darauf legen und mit der restlichen Mischung bestreuen. Den Lachs mit Alufolie abdecken und ein Holzbrett darüber legen, das mit Gewichten beschwert wird (z. B. gefüllte Konservendosen oder Steine). 2-3 Tage in den Kühlschrank stellen, dabei immer wieder wenden und mit der sich bildenden Flüssigkeit bestreichen, auch die Innenseiten. Danach wieder abdecken und beschweren.

Zum Servieren den Lachs mit der Hautseite nach unten auf ein Brett legen. Die Gewürze entfernen. Den Lachs trocken tupfen und schräg zur Faser in dünne Scheiben schneiden. Mit Dillsträußchen und Zitronenscheiben garnieren und Senfsauce dazu reichen.

Dazu gibt es Weißbrot oder Dillkartoffeln oder Dillbrot.

FÜR 8 PERSONEN

1,5 kg Lachs
(Mittelstück)
6 TL grobes Salz
4 TL Zucker
3 TL weiße Pfefferkörner
4 Bund Dill
2 Zitronen

SENFSAUCE
2 EL süßer Senf
2 EL scharfer Senf
2 EL Zucker
4 EL Rotweinessig
8 EL Öl
4 EL frische Dillspitzen

DILLBROT

Das Mehl vermischen, in eine Schüssel geben und in die Mitte eine Mulde drücken. Da hinein die Hefe bröseln und die lauwarme Milch mit dem Zucker dazugießen. 15 Minuten gehen lassen.

Den Dill fein schneiden – er soll vom Waschen nicht nass sein! – und mit Zwiebel, Salz und Öl unter das Mehl mischen. Erst langsam, dann schneller verkneten, bis der Teig sich vom Schüsselrand löst. 30 Minuten zugedeckt an einem warmen Ort gehen lassen. Das Backbrett mit Mehl bestreuen, mit bemehlten Händen einen Laib formen und auf ein gefettetes Backblech legen. 15 Minuten gehen lassen. Den Laib vor dem Backen vorsichtig einmal längs einschneiden und mit in Milch verrührtem Eigelb bestreichen.

Backzeit: ca. 30 Minuten bei 225° C im vorgeheizten Backofen.

150 g Weizenmehl
100 g Roggenmehl
1 Würfel frische Hefe
1/2 TL Zucker
1/2 Tasse Milch
1 TL Salz
2 EL Öl
1 Eigelb
1 Bund Dill
1 feingeschnittene Zwiebel
2 EL Milch zum Bestreichen

SPARE RIBS

Die gehackten Zwiebeln und den Knoblauch im Olivenöl ziehen lassen. Das Tomatenpüree und den Rotweinessig unterziehen und kurz aufkochen lassen. Den Rotwein und die restlichen Zutaten hinzufügen und auf kleinster Flamme 15 Minuten köcheln. Die Marinade über die Spare Ribs gießen und diese über Nacht (oder mindestens eine Std.) ziehen lassen. Dann sind sie bereit für das Feuer.

2 kg Spare Ribs
2 Zwiebeln
2 Knoblauchzehen
Olivenöl
6 TL Tomatenpüree
3 TL Rotweinessig
1/4 Liter Rotwein
1 TL brauner Zucker oder
2 TL Honig
1 TL Senf
2 TL Thymian
1 TL Basilikum
Salz
Pfeffer

Senf
Mostersad, Mostrich

Senf wird seit der Römerzeit in Mitteleuropa angebaut. Er verwildert sehr häufig.
Schwarzer Senf schmeckt eher mild. Die Samen werden in Essig oder Most (daher
Mostrich) eingeweicht, zerdrückt und mit Olivenöl gebunden. Junge Blätter können
als Gemüse zubereitet werden. Dazu werden sie in Salzwasser gegart, mit etwas
Fleischbrühe aufgegossen und mit Zwiebel und Muskat abgeschmeckt.

HONIGSENF

60 g weiße Senfkörner
60 g schwarze Senfkörner
150 cl Weißweinessig
3 EL Honig
1/4 TL Zimt
1 TL Salz

Die Senfkörner in ein Gefäß geben und mit dem Essig begießen. 36 Stunden stehen lassen. Dann werden die eingeweichten Körner zusammen mit Honig, Salz und Zimt im Mixer püriert. Erscheint die Mischung zu dick, noch etwas Essig darunter rühren. In gut verschlossenen Gefäßen aufbewahren, er trocknet leicht aus.

GEWÜRZSENF

500 g Senfmehl
2 Zwiebeln
2 Knoblauchzehen
2 Lorbeerblätter
1/2 l milder Weinessig
100 g Zucker
1 g Nelkenpulver
1 g Zimtpulver

Die feingeschnittenen Zwiebeln, Knoblauchzehen und Lorbeerblätter in dem Weinessig bei geschlossenem Deckel 10 Minuten kochen. Das Senfmehl in die Flüssigkeit rühren, bis ein dicklicher Brei entsteht. Dann die Gewürze hinzufügen und den Senf in einem verschlossenen Glas aufbewahren.

Waldelfentipp

Eingetrockneter Senf lässt sich mit Essig, Öl und
einer Prise Zucker wieder auffrischen.

WILDKANINCHEN-PASTETE

Das Fleisch so in einen Topf legen, dass es diesen möglichst ausfüllt. Eine Marinade aus gleichen Teilen Olivenöl und Rotwein darüber gießen, das Fleisch soll ringsum von der Beize umschlossen sein. 24 Std. stehen lassen.

Das marinierte Fleisch aus der Beize nehmen. Abtrocknen, von den Knochen lösen, in handgroße Stücke schneiden und mit Speckstreifen spicken. In der Butter anbraten, mit Rotwein aufgießen und leise kochend gar werden lassen. Die Zwiebel fein schneiden und mit den in Scheiben geschnittenen Pilzen in Butter dünsten. In einer Terrine das Hackfleisch mit den Eiern und den Gewürzen vermischen, die Pilze darunter mengen, ebenso die Sauce vom Kaninchen, eventuell noch etwas mehr Rotwein zugeben. Dann werden die Kaninchenstücke im Fleischteig »versenkt« und das Ganze mit Speckscheiben bedeckt. Deckel fest verschließen und ca. 2 Std. bei 160° C backen.

1 Wildkaninchen oder
1 junger Hase
200 g Speck
50 g Butter oder Öl
1/4 l Rotwein
500 g Pilze
1 Zwiebel
2 Eier
500 g gehacktes
Schweinefleisch
Salz
Pfeffer
Thymian

HIRSCHKEULE MIT PFIFFERLINGEN

Die Keule oder die Keulenstücke über Nacht in die vorbereitete Marinade legen, nach dem Herausnehmen abtropfen lassen und trocken tupfen, in heißem Öl anbraten. Die kleingeschnittenen Wurzeln dazugeben und die Keule mit dünnen Speckscheiben belegen. Etwas von der Marinade neben das Fleisch gießen – Flüssigkeitsstand während des ganzen Bratvorgangs immer 1-2 cm – und im Backofen bei 190° C 2 Stunden (für das erste Kilo, jedes weitere 35-40 Minuten) garen. 20 Minuten vor Ende der Garzeit die Pfifferlinge zugeben. Zum Schluss die Sauce mit süßer Sahne, einer Prise Pfeffer und 1 EL Johannisbeergelee verfeinern. (Ist die Keule in Stücke zerlegt, die Garzeit nicht nach dem Gesamtgewicht berechnen, sondern nach dem schwereren Stück ...)

1 Hirschkeule entbeint,
oder in 2 Stücken:
hintere und vordere Hälfte
ohne Knochen

MARINADE FÜR 1 KG:
1/2 l Rotwein
3 EL Olivenöl
6 Wacholderbeeren,
zerdrückt
3 Pimentkörner, zerdrückt
1 Lorbeerblatt
1 Prise Salz

ZUM SCHMOREN FÜR 1 KG:
5 EL Olivenöl
Wurzeln (1 Karotte,
1 Stück Sellerie, 1 Zwiebel,
1 Petersilienwurzel)
200 g durchwachsener Speck
500 g Pfifferlinge
1/8 l süße Sahne
1/2 TL schwarzer Pfeffer
1 EL oder mehr
Johannisbeergelee
nach Geschmack

HIRSCHKEULE MIT WEICHSELN

Statt der Pfifferlinge gibt man zum Schluss mit der Sahne 1 Tasse entsteinte, passierte Weichseln (Sauerkirschen) in die Sauce.

Gespickte Hirschkeule

1 entbeinte Hirschkeule,
nicht gebeizt

PRO 1 KG:
100 g durchwachsener
Speck zum Spicken
100 g durchwachsener
Speck zum Braten
2 TL Sardellenpaste
1/2 TL schwarzer Pfeffer,
gemahlen
1/2 TL frischer Ingwer,
gerieben
1 TL Majoran
1 TL Thymian
1 TL geriebene
Zitronenschale
6 Wacholderbeeren
1 Zwiebel
1/2 l Rotwein
etwas Gemüsebrühe

Ein nicht gebeizter Schlegel wird reichlich gespickt (dicht unter der Haut, entlang dem Lauf der Fleischfaser). Dann vermischt man die Gewürze mit der Sardellenpaste – eventuell noch ein wenig Olivenöl zugeben und reibt den Braten damit ein. Das so vorbereitete Fleisch legt man in einen Ton- oder einen Steinguttopf und lässt ihn 2 Tage kühl liegen.

In einer Bratenpfanne wird der Speck mit der feingeschnittenen Zwiebel angeschmort, mit 2 Glas Rotwein aufgegossen, der Braten hineingelegt und in den auf 200° C vorgeheizten Backofen geschoben. Darin lässt man den Braten die Hälfte der Garzeit zugedeckt schmoren. Während der zweiten Hälfte der Garzeit bleibt der Braten unbedeckt. Gemüsebrühe oder auch Rotwein wird jetzt immer wieder nachgegossen. Zum Schluss die Sauce mit Himbeersaft abschmecken und über dem aufgeschnittenen Braten verteilen.

Rehpastasauce

1 kg Rehfleisch
1 l Rotwein
2 Zwiebeln
3 Karotten
1 Petersilienwurzel
1 Stück Sellerie
1 Knoblauchzehe
250 g gekochte
Bohnenkerne

Die nicht für große Braten geeigneten Teile wie Vorderkeulen, Rippenstücke etc. durch den Fleischwolf drehen. Zwiebeln, Karotten, Sellerie, Knoblauch, gekochte Bohnenkerne ebenfalls durch den Fleischwolf lassen. Alles vermischen. Das Ganze in reichlich Olivenöl anbraten und mit Rotwein aufgießen. Bei niedriger Temperatur langsam köcheln lassen und immer wieder Wein nachgießen. Zum Schluss mit Salz abschmecken.

VARIATION 1: Passierte Tomaten, süßer Paprika, Chili, Bohnenkraut, Rosmarin, Oregano, Thymian, Lorbeer.
VARIATION 2: Pfeffer, Lorbeer, Wacholder, 1/4 l Sauerrahm
VARIATION 3: statt gekochten Bohnenkernen, gemahlene Haselnüsse. Statt Knoblauch, Bärlauchzwiebeln. Für die Schärfe getrocknetes Wasserpfefferkraut (1 gehäufter TL für 1/4 l Flüssigkeit).

Schnitter-Rehhackbraten

1 kg Rehfleisch
2 Zwiebeln
3 Karotten
1 Petersilienwurzel
1 Stück Sellerie
250 g Maronen
2 trockene Brötchen
4 Eier
1 TL Salz
1 gehäufter TL schwarzer
Pfeffer
5 Wacholderbeeren
2 Nelken
2 TL Majoran

Das Fleisch, die Wurzeln, die gekochten Maronen, die eingeweichten und ausgedrückten Brötchen durch den Wolf drehen. Mit den Gewürzen und den Eiern gut vermischen. Garzeit: 1 Std. bei 180° C auf der unteren Schiene im Backofen.

VARIATION 1: Den Fleischteig zu einem Laib formen und mit Speckscheiben belegen.
VARIATION 2: In die Mitte eine Fülle aus gedünsteten Pilzen geben. (Beim Dünsten verlieren die Pilze Flüssigkeit.) Mit Speckscheiben belegen.
VARIATION 3: Mit Buttermilch begießen und Apfelscheiben darauf legen.

Waldelfentipp

*Maronen lassen sich besser schälen, wenn
man sie an der Spitze mit einem Hexenstich
versieht und kurz ankocht.*

REHBRATEN MIT BROMBEERPILZSAUCE

Zwiebeln, Karotten und Sellerie fein schneiden und in die Bratenpfanne geben. Den Braten gut einölen, grob zerstoßenen Pfeffer darauf verteilen und auf das Gemüse legen. Dem Fleisch mit dünnen Speckscheiben ein »Speckhemd« geben. Den Braten bei 200° C in den Ofen stellen. Wenn der Speck glasig geworden ist, 1/2 Tasse Brühe in die Bratenpfanne gießen. Die restliche Brühe mit dem Brombeerwein vermischen und den Braten gelegentlich damit beträufeln. Kurz vor Ende der Garzeit das Speckhemd entfernen und die restliche Flüssigkeit über den Braten schütten. Den fertigen Rehbraten warm stellen. Die Sauce in einen kleinen Topf abgießen, mit etwas Speisestärke binden.

Inzwischen die Pilze in Butter 15 Minuten schmoren, die Brombeeren dazugeben, mit Salz und Pfeffer abschmecken. Den aufgeschnittenen Braten mit den Pilzen auf einer gewärmten Platte anrichten, die Sauce darüber verteilen oder gesondert dazu reichen.

Garzeit: pro Kilo 1 Stunde, es kann auch etwas mehr werden, je nach Alter des Wildes.

FÜR 6 BIS 8 PERSONEN

1,2 bis 1,5 kg Rehkeule
250 g dünn geschnittener Räucherspeck
1-2 EL Olivenöl
1 TL schwarzer Pfeffer
2 Zwiebeln
2 Karotten
1/4 Sellerie
1 Tasse Brühe
1 Tasse Brombeerwein
2 TL Speisestärke
1/2 TL Salz

500 g Birkenpilze, Butterpilze oder Austernseitlinge
100 g Butter
500 g Brombeeren

SCHUPFNUDELN AUS KARTOFFELTEIG

Die Kartoffeln in der Schale kochen, heiß schälen und kalt werden lassen. Kartoffeln passieren und zusammen mit allen übrigen Zutaten zu einem geschmeidigen Teig verarbeiten. Den Kartoffelteig in vier gleiche Teile schneiden und Rollen daraus formen. Von den Rollen Scheibchen abstechen und daraus mit den Händen die Nudeln formen. Sie sollen etwas kleiner sein als ein kleiner Finger, in der Mitte dicker als an den Enden. Die Schwaben nennen diese Nudeln »Buabaspätzle« ...

Die Nudeln werden in Salzwasser gekocht. Wenn sie nach oben steigen, sind sie fertig. Sie werden mit einem Schaumlöffel herausgenommen und in Butter und Semmelbröseln geschwenkt.

FÜR 4-6 PERSONEN

500 g mehlige Kartoffeln
2 Eidotter
100 g Weizenmehl
30 g feiner Weizengrieß
1 TL weiche Butter
Salz
eine Prise Muskat
Semmelbrösel

Weiß-Rot-Grün

1 Pfd. Karotten mit Grün
6 frische
Pfefferminzblätter
1 EL Öl oder Butter
1 EL Mehl
1 Tasse Gemüsebrühe
1 Becher saure Sahne
Pfeffer
Salz
1 Prise Zucker

Karotten in Scheiben schneiden und in Öl/Butter kurz andünsten. Mit Brühe auffüllen und auf kleiner Flamme fast gar dünsten. Das Karottenkraut klein schneiden und zu den Karotten geben. Nach 5 Min. mit Mehl bestäuben und aufkochen lassen. Die Sahne mit den feingeschnittenen Minzeblättern unterrühren und noch etwas ziehen lassen. Mit Salz und Pfeffer abschmecken und ... zum Lamm servieren.

Maissalat für Eilige

1 Dose Mais
1 Dose Erdnüsse
9 Kräuter der Saison

Dieser mühelose Salat lässt sich beliebig vervielfachen. Die gerösteten gesalzenen Erdnüsse werden mit dem abgegossenen Mais vermischt und neun Kräuter der Saison, wie Petersilie, Kerbel, Kresse, Zitronenmelisse, Thymian, Estragon, Schnittlauch, Koriander und Basilikum oder auch andere dazugegeben.

Kräuterkartoffelgratin

1 kg Kartoffeln
Gemüsebrühe
Salz
Pfeffer
2 Zwiebeln
Liebstöckel
$1/2$ l Sahne
Butter
150 g Gouda
geriebener Hartkäse
Muskat

Die Kartoffeln schälen, in Scheiben schneiden und in der Gemüsebrühe 3 Minuten kochen. Dann absieben und dabei $1/2$ Glas von der Gemüsebrühe auffangen. Die Kartoffeln in eine große Form schichten. Die Zwiebeln in feine Ringe schneiden und darüber verteilen. Salzen und pfeffern. Einige Liebstöckelblättchen sehr klein schneiden und darüber verstreuen. Mit Butterflöckchen bedecken. Die Sahne mit der Gemüsebrühe, dem Großteil des geriebenen Goudas und des Hartkäses vermischen. Darüber schütten. Den restlichen Käse auf der Oberfläche verteilen. Einige Butterflöckchen draufsetzen. Bei 180° C ca. 45 Minuten backen. Natürlich schmecken auch andere Kräuter, wie Schnittlauch, Petersilie, Kerbel, Basilikum usw. Diese nach Möglichkeit nicht mischen ...

Schnitterpastete

TEIG
300 g Mehl
150 g Butter
15 cl Wasser
$1/2$ TL Salz

FÜLLUNG
150 g Mangoldblätter
150 g Spinat
1 Hand voll Petersilie
1 Hand voll frische Minze
300 g Quark
4 Eier
1 Eigelb mit Ringelblumen-
blütenblättern vermischt
250 g gesalzene,
getrocknete Schweinebrust

Aus dem Teig einen Mürbeteig zubereiten und 1 Std. kalt stellen. Die Blätter ohne Stiele und Rippen sehr fein hacken. Den Quark zerdrücken und mit den Blättern vermischen. Die Schweinebrust fein hacken oder durch den Fleischwolf drehen. Zusammen mit den Eiern zur Quark-Gemüsemischung dazu geben. Den gekühlten Teig halbieren und zwei dünne Teigplatten entsprechend der Backform ausrollen. Die untere Teigplatte ergibt den Boden und zieht sich ca. 1 cm über den Rand der Form hinaus. Diesen Teig mehrmals einstechen und mit der Mischung füllen. Die obere Teigplatte wird zum Deckel. Der überstehende Teigrand verschließt nun den Deckel, so dass ein Blumenmuster entsteht. Aus einem kleinen Teigrest kann man noch eine Sichel formen und sie in die Mitte drücken. Mit einem Pinsel wird jetzt die Mischung aus Eigelb und Ringelblumenblättern auf dem Teig verstrichen. Im vorgeheizten Ofen bäckt die Schnitterpastete bei 225° C eine Stunde knusprig braun ...

CLAUDIAS BANANENMAIS

Den Mais in einem Sieb abtropfen lassen. Die Bananen schälen und in Scheiben schneiden. Mit Zitronensaft beträufeln. Mais und Banane mischen. Mit Curry, Ingwer und Salz abschmecken. Den Bergkäse reiben und mit der Sahne in einen Topf füllen. Erhitzen und rühren, bis die Masse cremig ist und mit Muskat, Pfeffer und Salz abschmecken.

Die Sauce über den Mais gießen und bei 200° C 15 bis 20 Minuten goldgelb überbacken. Die frischen Minzblätter darüberstreuen.

1 Dose Mais
1-2 Bananen
Zitronensaft
Curry, Ingwer, Salz

SOSSE
100 g Bergkäse
4 EL Sahne
Muskat
weißer Pfeffer
frische Pfefferminzblätter

KALTER HAFERHUND

Schokolade hacken und das Pflanzenfett zerkleinern. Sahne vorsichtig erhitzen. Die Schokolade und das Fett darin schmelzen. Den Orangenlikör dazugeben und abkühlen lassen. Nach Wunsch $^1/_2$ Tasse Kaffee dazugeben. Eine Kastenform mit Alufolie auskleiden. Die Schokoladencreme nochmals verrühren und ungefähr 8 EL davon in die Form füllen. Dicht mit den Haferkeksen belegen. Diese mit Orangenlikör besprenkeln und mit einer weiteren Schicht Schokoladencreme bedecken. Schichtweise fortfahren, bis die Form gefüllt ist. Zuoberst ist eine mit Orangenlikör getränkte Keksschicht. Die Form über Nacht in den Kühlschrank stellen und dann stürzen. Die Alufolie abziehen. Die Haferflocken rösten. Aus Puderzucker, Haselnusskrokant und gerösteten Haferflocken ein Mandala auf den kalten Haferhund streuen.

600 g Halbbitter-
schokolade
150 g Pflanzenfett
250 g Schlagsahne
3 EL Orangenlikör
1 EL Kaffeepulver
250 g Haferkekse
2 EL geröstete
Haferflocken
1 EL Puderzucker
3-4 EL Haselnusskrokant

SÜSSES GEBILDBROT

GRUNDTEIG
500 g Mehl
(oder 300 g Mehl plus
100 g gemahlene Mandeln
und 100 g gemahlene
Walnüsse)
30 g Hefe
80 g Zucker
1/4 l lauwarme Milch
1 Prise Salz
2 Eigelb
80 g Butter
1 Zitrone oder Orange
80 g Rosinen
1 Schnapsglas Rum

Die Rosinen waschen und in den Rum einlegen. Das Mehl (mit den Mandeln und den Walnüssen) in eine Schüssel füllen, in die Mitte eine Mulde drücken, darin die zerbröckelte Hefe mit 1 TL Zucker und 2 EL warmer Milch anrühren. Die Schüssel mit einem Tuch abdecken. Die Hefe 10 Minuten gehen lassen. Den restlichen Zucker, die warme Milch, das eine Eigelb, Salz, geschmolzene Butter, die abgeriebene Schale der Zitrone oder der Orange dazugeben und den Teig so lange schlagen, bis er Blasen wirft. Die Rosinen dazugeben und in den Teig kneten. Die Schüssel wieder bedecken und den Teig 30 Minuten gehen lassen.

Aus dem Teig lässt sich nun allerlei formen. Entweder ein Zopf, eine Spirale, Glücksbrezeln oder auch Kornräder. Vielleicht entsteht auch eine Korngöttin. Die geformte Opfergabe, das Gebildbrot kommt auf ein eingefettetes Backblech und wird mit dem zweiten verrührten Eigelb bestrichen. Dann kann man es bestreuen, z. B. mit Hagelzucker, Sesamkörnern, Mohn usw. In 50 Minuten bei 180° C ist das Gebild fertig.

SCHOTTISCHES SONNEN-SHORTBREAD

600 g feines Mehl
200 g Reismehl
200 g feiner Zucker
50 g sehr feiner Zucker
(im Mörser zerstoßen)
400 g Butter
(1 EL Backpulver)
1 Prise Salz

Die Butter wird mit dem Zucker schaumig geschlagen, das Mehl (mit dem Backpulver), die Prise Salz hinzugefügt. Aus dem Teig eine Kugel formen und eine Stunde ruhen lassen. Die Kugel dann ausrollen, bis der Teig 1 cm dick ist. Diesen mit der Gabel überall einstechen. Mit einem Schnapsglas werden dann kleine Sonnen ausgestochen. Den Rand mit Daumen und Zeigefinger zu Zacken formen und aus geriebener Orangenschale Sonnenstrahlen darauf streuen. Die kleinen Opfersonnen backen bei 180° C 30-40 Minuten. Die noch warmen Sonnen werden mit dem sehr feinen Zucker bestreut.

SÜSSE SCHNITTERBERGSUPPE

FÜR EINE PERSON

2 kleine Hände voll
Schwarzbrot
1 EL Butter
3 EL Zucker
Rosinen
Mandelscheiben

2 Glas Weißwein
1 Glas Wasser
3 EL Zucker
Zimt
feingeschnittene
Zitronenschale
3 Eidotter

Das Schwarzbrot wird gerieben und in der Butter angeröstet. Die Rosinen und der Zucker kommen dazu. Noch heiß wird die Masse in einen Trichter gefüllt. Ist sie erkaltet, stürzt man den Berg auf einen Suppenteller und bedeckt ihn mit den Mandeln. Jetzt wird der Wein mit dem Wasser erhitzt und köchelt für 15 Minuten mit dem Zucker, Zimt und der Zitronenschale. Die Eigelbe mit einem EL Wasser mischen und an die nicht mehr kochende Weinmischung gießen. Die fertige Sauce umhüllt den Brotberg im Suppenteller.

HOLUNDERBEERSUPPE MIT SCHWEMMKLÖßEN

1 kg reife, frische
Holunderbeeren
4 große Äpfel
Zucker
Stärkemehl (Mondamin)

Die Holunderbeeren in sehr wenig Wasser weich kochen, durch ein Sieb passieren, zusammen mit dem Kochwasser wieder in einen Topf geben, eventuell Wasser nachfüllen, mit Zucker süßen und auf kleiner Flamme köcheln lassen. Die geschälten Äpfel in Schnitze schneiden und in der Suppe ziehen lassen. Wenn sie weich sind, die Suppe mit Stärkemehl andicken. Zum Schluss noch einen Schuss Kirschwasser dazugeben.

SCHWEMMKLÖßCHEN

30 g Butter
1 Prise Salz
1 Prise Muskat
1/8 l Milch
70 g Mehl
1 Ei

Butter, Salz und Muskat in der Milch aufkochen. Das Mehl hineinschütten und rühren, bis sich der Teig vom Boden löst. Das Eigelb in den heißen Teig einarbeiten und den Teig unter Rühren abkühlen lassen. Dann den steifen Eischnee unterheben und mit dem Löffel kleine Klöße abstechen. Diese in der Holunderbeersuppe gar ziehen lassen (ca. 5 Minuten).

Heidelbeeren

Blaubeeren, Besinge, Bickbeere,
Krähenauge

Der violette Stoff der Heidelbeere ist für die
Augen sehr wichtig. Besonders bei Nachtblindheit,
Überanstrengung und Übermüdung der Augen wirkt
die Heidelbeere (allerdings in
großen Mengen als Konzentrat) Wunder,
da sie die Durchblutung
der feinen Kapillare fördert.

HEIDELBEERFLÄMMLI

TEIG
150 g Butter
150 g brauner Zucker
2 Eier
2 TL Backpulver
100 g Mehl
100 g gemahlene Haselnüsse

BELAG
400 g saure Sahne
2 Eier
80 g Zucker
1 Päckchen Vanillezucker
1/2 Zitronenschale
400 g Heidelbeeren

Aus den Zutaten für den Teig einen Mürbeteig zubereiten. Dieser kommt mit Rand in eine gefettete Springform. Für den Belag alle Zutaten verrühren. Die Heidelbeeren vorsichtig unterziehen und die Masse auf dem Teig verteilen. Bei 180° C ca. 35 Min. backen.

ZWETSCHGENSUPPE

Die Zwetschgen entsteinen und im Wasser weich kochen. Mit Zucker und Zimt würzen und den Rotwein dazugeben. Kurz aufkochen lassen. Jetzt einen Schuss Zwetschgenwasser dazu. Fertig.

Die gerösteten Brötchenwürfel auf den Tellern verteilen und die Suppe darüber servieren.

1 kg Zwetschgen
$\frac{1}{2}$ l Rotwein
1 l Wasser
Zucker
Zimt
geröstete Brötchenwürfel
1 Schuss Zwetschgenwasser

ZWETSCHGEN-WILDBEIGABE

Die ungewaschenen Zwetschgen mit einer Nadel überall einstechen und in einen Steingutbauchtopf füllen. Alle anderen Zutaten aufkochen und 15 Minuten köcheln. Das Gemisch über die Früchte gießen. Einen Tag stehen lassen. Dann ganz langsam kochen, bis die Zwetschgen platzen. Die Zwetschgen auffangen, in Gläser füllen, Gemisch noch mal 15 Minuten köcheln. Auch in die Gläser gießen. Verschließen und kühl lagern. Passt wunderbar zu Wild, Terrinen, gekochtem Rind und Käse ...

3 kg Zwetschgen
1,8 kg brauner Zucker
0,7 l Rotwein
1 Schnapsglas Rotweinessig
6 Gewürznelken
$\frac{1}{2}$ Zimtstange
1 Vanillestange

Waldelfentipp

Frische Pflaumen kann man erhalten, wenn sie an einem sonnigen Tag mit Handschuhen in einen neuen Steinguttopf, in dem noch kein Wasser war, gepflückt werden. Der Topf wird mit einer Blase oder Einmachzellophan zugebunden, in den Keller gestellt und mit einem platten Stein belegt, der längere Zeit in der Sonne gelegen hat. Das Ganze wird mit ganz trockener Erde bedeckt.
Ende Dezember/Januar sind die Pflaumen noch ganz frisch, müssen aber schnell verbraucht werden. Deshalb ist es gut, mehrere kleine Steintöpfe zu füllen.

Mabon - Tagundnachtgleiche im Herbst - Erntedank

Mit dem beginnenden Herbst verwandelt sich die alternde Göttin in ihren dunklen Aspekt der Greisin. Als weise Alte herrscht sie nun über die Unterwelten und das Jenseits. Tod und Wiederauferstehung sind ihr Thema, sie kennt die Magie, Orakelkunst und das Geheimnis des Todes. Sie ist zur Schwarzmondin geworden. Ihre Gebiete erstrecken sich auf die unterirdische und untermeerische Welt, das Unsichtbare. Sie wird von Schlangen, Eulen, Raben, Krähen, Hunden, Wölfen und Pferden begleitet. Als Göttin der Unterwelt hält sie die Schicksalsfäden, die Spindel oder die Waagschalen zum Wiegen der Seelen beim Übergang und auch den Todesapfel.

Das Erntedankfest begann zur Tagundnachtgleiche im September und dauerte an bis zum ersten Vollmond danach. Der Göttin wurden nun die besten Früchte und Nüsse der Ernte geopfert, damit sich auch das nächste Jahr ertragreich gestalten konnte. Das Ende ihres mythologischen Sohn-Gemahls näherte sich. Er bekam jetzt keinen goldenen Liebesapfel, sondern einen Granatapfel, die Todesfrucht überreicht. Der Lichtsohn wurde geopfert, und sein Samen wurde gemeinsam mit den Getreidesamen in die Erde gebettet – denn das Leben sollte weitergehen und die nächste Ernte im kommenden Frühling erneut sprießen.

In späterer Zeit der Entwicklungsgeschichte wurde kein Mensch, sondern ein männliches Tier geopfert (Stier, Widder, Ziegenbock ...). Heute nimmt man dafür Strohmänner, Vogelscheuchen, die in der Erde überwintern, um im Frühling wieder ausgegraben zu werden. Sollten sich dann kleine Sprösslinge zeigen, gilt dies als gutes Omen.

Die Herbst-Tagundnachtgleiche bezeichnet ein großes Opferfest, bei dem das Licht der Dunkelheit übergeben wird. Innerhalb des Tierkreises ist es der Zeitpunkt, an dem die Taghälfte in die Nachthälfte übergeht. In der Natur ist jetzt das Wesentliche getan. Die Ernte ist eingebracht, und das vegetative Leben stirbt allmählich. Die Außenaktivitäten haben ein Ende gefunden.

Spätestens jetzt ist es an der Zeit, mit Lavendel zu räuchern. Lavendelräucherungen reinigen und verleihen Mut, auf allen, auch den schmerzhaften Wegen durchzuhalten. Nun ist es Zeit, sich den inneren Qualitäten zu widmen, seelischen Prozessen und dem verborgenen Wissen der Unterwelt zu öffnen. Früher begann der Tierkreis mit der Herbst-Tagundnachtgleiche und dem großen Dankfest. Noch heute legt man große Mandalas aus den Früchten der Ernte, wobei jeder Abschnitt des Kreises einen Monat des Jahres darstellt. So wird der Jahreskreis mit seiner zyklischen Verwandlungskraft im Bewusstsein der Dankenden verankert. Man flicht Erntekränze und Erntekronen und tanzt um sie herum.

Ernten

*Gereift
gedankt
Wegzeug
für dunkle Tage
angelegt
hinüber geschaut
und Geschenke eingepackt.*

Herbstpflanze: Herbstzeitlose

Nach der letzten Heuernte erscheinend und Mitte Oktober
blühend schützt sie vor allen Schäden, die der Winter birgt.
Staubgefäße und Stempel lassen sich in Fett auskochen
und werden so zu einer Salbe gegen Frostrisse in der Haut.
Vorbeugend gegen Frostbeulen kann man ungeschützte
Körperstellen mit der ersten Blüte einreiben. Bestreicht man
die Augenlider mit den Blüten, werden diese nicht müde.
Die Herbstzeitlose ist stark toxisch.
5 Samen genügen, um einen Menschen zu töten.
Ihr Hauptgift wirkt zellwachstumshemmend
und wird in der Krebsforschung eingesetzt.
Es hilft auch gegen Gicht.

Heidekraut   *Besenheide, Besenkraut, Brandheide,*
Immerschön, Kuhheide

Die Blütezeit des Heidekrauts ist im Spätsommer und Herbst. Als Bienenweide sorgt
die Heide für einen reichen Ertrag an dunklem Heidehonig. Heide kann zum Gerben
verwendet werden. Ein Absud der Zweige färbt rohes Tuch sattbraun, mit einem Zusatz
von Alaun hochgelb und mit Eisenvitriol schwarzbraun. Heidekraut soll als Hopfen-
ersatz beim Bierbrauen geeignet sein. Ein Tee aus frischen oder getrockneten Blüten
mit einem Löffel Honig ist sehr wohlschmeckend und hilft bei Schlaflosigkeit. Es heißt,
wenn das Heidekraut bis in die obersten Spitzen blüht, gibt es einen kalten Winter.

KALMUSLIKÖR

60 g geschnittene
Kalmuswurzeln
2 l Branntwein
200 g Zucker
200 g Honig
1/2 l Wasser

Die frischen Wurzeln klein schneiden und mit dem Branntwein auffüllen. 4 Wochen in der Sonne stehen lassen. Dabei 2 x täglich wenden. Dann
abfiltrieren. Den Honig und Zucker in dem warmen Wasser lösen und dazugeben. Einige Wochen stehen lassen.

Kalmus statt Ingwer

Kalmus ist ursprünglich in Ostasien zu Hause, hat sich aber bei uns gut eingelebt
und wächst an Ufern von stehenden und fließenden Gewässern und in Sumpfgebieten.
Zum Würzen wird der Wurzelstock verwendet.
Kalmus ähnelt dem Ingwer im Geschmack – nur ist er etwas bitterer.
Seine heilende Wirkung ist seit dem 7. Jhd. v. u. Z. bekannt.
Er regt den Appetit an, fördert die Verdauung und wirkt krampfstillend.
Gegraben wird der Kalmus im September oder Oktober.

SCOTCH BROTH

Die Erbsen über Nacht einweichen. Das Fleisch mit Wasser, Erbsen, Graupen, Salz und Pfeffer in einen großen Topf geben und zum Kochen bringen. Abschäumen. Die gewürfelten Karotten und Rüben, die geschnittenen Zwiebeln und Lauch hinzufügen. 3 Stunden bei kleiner Temperatur simmern lassen. Weißkohl und geriebene Karotten dazu geben und eine weitere halbe Stunde köcheln lassen. Vor dem Servieren die Petersilie darüber streuen.

FÜR 6-8 PERSONEN

1 kg Nacken/Kamm von
Lamm oder Hammel
100 ml getrocknete Erbsen
100 ml Gerstengraupen
2 1/4 l Wasser
1 große Tasse
gewürfelte Karotten
1 große Tasse
gewürfelte Steckrüben
1 große Zwiebel
1 Stange Lauch
1/4 Weißkohl,
fein geschnitten
1 große Tasse
geriebene Karotten
3 EL fein
geschnittene Petersilie
Salz
Pfeffer

KASTANIENSUPPE

Zuerst schält man die Kastanien, überbrüht sie dann mit kochendem Wasser und zieht die gelbe Haut ab. Dann werden sie zusammen mit Sellerie und den Kräutern in etwas Salzwasser (knappe Höhe) weichgekocht. Sofern Sellerie und Kräuter nicht verkocht sind, entfernt man sie, gießt mit der Milch auf und gart weiter, bis die Kastanien musig werden. Das Ganze wird durch ein Sieb gestrichen oder mit dem Pürierstab püriert. Mit Salz und Pfeffer abschmecken und mit reichlich Schnittlauch bestreuen. Dazu gibt es frisches Brot ...

500 g Kastanien
(ohne Schale)
1 l Milch
1 Scheibe Sellerie
Thymian
Rosmarin
Salz
Pfeffer

INGWER-KARTOFFELSUPPE MIT KOKOSMILCH

1 kg mehlige Kartoffeln
1 l Gemüsebrühe
1 daumengroßes Stück
(mehr schmeckt eigentlich
besser) frischer Ingwer
1 Dose Kokosmilch
1/2 Becher Sahne
1/2 Stange Lauch
3 Knoblauchzehen
Butter
Salz, Pfeffer
Sesamöl

Zuerst den Ingwer schälen, waschen und ca. 2 Minuten in etwas Butter andünsten. Kartoffeln schälen, waschen, würfeln und zum angedünsteten Ingwer geben. Lauchstange gut waschen, fein schneiden und dazu geben. Alles mit Gemüsebrühe aufgießen und kochen, bis die Kartoffeln gar sind und zerfallen. Kokosmilch, Sahne, 1 Teelöffel Sesamöl, Salz, Pfeffer hinzufügen und alles pürieren. Ein Pürierstab ist dazu am besten geeignet, mühevoller, aber ebenfalls praktikabel, ist der traditionelle Stampfer. Je nach gewünschter Suppenkonsistenz Wasser nachgießen und nach Wunsch nachwürzen.

ERNTEDANKSUPPE MIT SCHWEINEBAUCH

FÜR 10 PERSONEN

500 g Schweinebauch in
Scheiben
20 große Kartoffeln
10 Birnen
10 Äpfel
15 Pflaumen
5 Zwiebeln
5 Lorbeerblätter
10 Tassen Wasser
Gemüsebrühe
Pfeffer
Kristallsalz

Die Kartoffeln und das Obst in Scheiben schneiden und abwechselnd in eine Auflaufform schichten. Die Zwiebeln klein schneiden, anschwitzen und darüber streuen. Die Gemüsebrühe und Lorbeerblätter mit dem Wasser kochen und über die Schichten füllen. Mit Pfeffer und Salz abschmecken. Die Oberfläche jetzt komplett mit den Schweinebauchscheiben abdecken und das Ganze 55 Minuten bei 200° C im Ofen backen.

Waldelfentipp

Karotten lagern am besten über den Winter in Kisten, die mit Sand gefüllt sind. Sie werden, ohne sich zu berühren, in den Sand gesteckt und mit einer weiteren Sandschicht zugedeckt. So bleiben sie schön knackig.

FLEISCHTOPF ZUM HERBSTBEGINN

250 g Hammelfleisch
250 g Kalbfleisch
250 g Rindfleisch
250 g Schweinefleisch
2 Zwiebeln
500 g Karotten
1/2 Sellerie
500 g Waldpilze
z. B. Pfifferlinge,
Steinpilze, Reizker oder
Steinchampignons
1 kg Kartoffeln
6 EL Öl
2 Lorbeerblätter
6 Pimentkörner
ca. 1,5 l Gemüsebrühe

Fleisch in große Würfel, Zwiebeln in Ringe, Sellerie in kleine Würfel, Karotten, Kartoffeln und Pilze in Scheiben schneiden. Fleisch in Öl kurz anbraten, Sellerie, Zwiebeln, Lorbeer und Piment dazugeben und mit der Hälfte der Brühe ablöschen. Bei 160° C im Backofen 90 Min. schmoren. Dann die Pilze, die Karotten und die Kartoffeln mit der restlichen Brühe hinzufügen und weitere 45-60 Min. im Ofen lassen. Ein gusseiserner Topf ist dafür ideal, es geht aber auch jeder andere Bratentopf mit Deckel.

Gegrillter Herbstkarpfen

Der gewaschene Karpfen wird trocken getupft, gesalzen und gepfeffert. Dann gießt man die Essig/Öl-Mischung darüber und lässt den Fisch mindestens 1 Stunde stehen. Die Butter wird zerlassen. Das mit Sahne verrührte Eigelb und die feingewiegten Kräuter hineingerührt.

Dann wird der Karpfen aus der Marinade genommen, auf den Holzkohlengrill gelegt und auf beiden Seiten je 15 Minuten gegrillt. Dabei wird er öfter mit der Marinade bepinselt. Jetzt bestreicht man ihn auf beiden Seiten mit der Kräuterbutter und grillt ihn noch mal 10 bis 15 Minuten.

1 großer Karpfen
Salz, Pfeffer

Marinade
2 Tassen Weißweinessig
1 Tasse Öl

Kräuterbutter
1 Eigelb
2 EL süße Sahne
2 EL saure Sahne
20 g Butter
je 1 Bund Petersilie,
Schnittlauch, Kerbel
3 Zweige Thymian
Salz, Pfeffer

Tipp der Gnome

*Je dicker das Fleisch, desto mehr Abstand
braucht es vom Feuer.
Fisch soll beim Grillen doppelt soviel
Abstand vom Feuer haben wie Fleisch.*

Meerrettichsauce

Den Meerrettich, den Apfel und das Weißbrot reiben. Dann alles in der Fleischbrühe aufkochen. Den Wein, Zucker und die Butter zuletzt dazugeben. Den Becher saure Sahne unterziehen. Mit Salz und Pfeffer würzen.

1 Meerrettich
1 Apfel
1 EL Zucker
2 Scheiben Weißbrot
Etwas Fleischbrühe
1 EL Butter
1/2 Glas Weißwein
1 Becher saure Sahne
Salz und weißer Pfeffer

Waldelfentipp

*Frisch geriebener Meerrettich bleibt weiß,
wenn er mit Zitronensaft oder Essig beträufelt wird.*

Zander im Salzmantel

Für 8 Personen

1 Zander ca. 2 kg
2 kg Haushaltssalz
8 Eiweiße
80 g Mehl
1 Zweig Petersilie
1 Zweig Dill
4 Blätter Zitronenmelisse

Die Eiweiße leicht verquirlen und mit Mehl und Salz vermischen. Den ausgenommenen Zander waschen, trocken tupfen und die Kräuter in den Bauchraum legen, die Bauchlappen dabei nach innen einschlagen. Auf ein backblechgroßes Stück Alufolie etwas von dem Salzteig streichen, den vorbereiteten Fisch mit der Breitseite darauf legen. Vor die Bauchöffnung noch ein extra Stück Folie legen, so dass nichts von dem Teig eindringt. Den Zander mit dem restlichen Salzteig rundum gleichmäßig einstreichen. Den Backofen auf 250° C vorheizen und den Fisch auf der mittleren Schiene einschieben. 1 Stunde im Ofen lassen. Einen Hammer und einen »Meißel« bereitlegen, um die Kruste zu zerklopfen. Die Filets auslösen und auf vorgewärmte Teller legen. Dazu gibt es verschiedene Saucen und Brot.

Rosarote Sauce

70 g enthäutete Mandeln
3 Knoblauchzehen
1 Scheibe trockenes Weißbrot ohne Kruste
40 cl frischer roter Traubensaft (von 1 Pfund roten Trauben)
Salz

Die Trauben in einen Mixer geben. Die pürierten Trauben auf kleiner Flamme 1/2 Stunde kochen. Danach durch ein Sieb filtern. Die geschälten Mandeln und den Knoblauch im Mörser zerreiben oder in den Mixer geben.

Das Brot im Traubensaft einweichen und zerdrücken, die Mandel-Knoblauch-Paste damit verrühren. Mit dem Saft verdünnen, bis die gewünschte Konsistenz erreicht ist. Mit Salz abschmecken.

Grüne Sauce

6–8 hartgekochte Eigelb
1/8 l Olivenöl
1/2 Becher Joghurt oder saure Sahne
je 10 g frische, feingeschnittene Kräuter: Petersilie, Dill, Zitronenmelisse, Liebstöckel, Estragon, Kerbel, Borretsch, Pimpinelle, Sauerampfer
1 EL scharfer Senf
1 Knoblauchzehe
Pfeffer, Salz, Muskat

Die Eigelb zerdrücken und mit Öl verrühren. Joghurt bzw. Sahne, die Kräuter und die zerriebene Knoblauchzehe darunter mischen. Mit Salz, Pfeffer, Muskat abschmecken.

Himmelblaue Sauce

50 g ungeschälte Mandeln
1/2 l Brombeersaft
10 cl Apfelessig
5 cl Wasser
1/2 TL geriebener Ingwer oder Kalmus
Salz

Die Brombeeren zerdrücken und den Saft filtern. Die Mandeln mit dem Ingwer/Kalmus fein zerreiben oder durch den Mixer geben. Brombeersaft und Mandelpaste vermischen. Eine Weile durchziehen lassen. Mit dem Essigwasser verdünnen und durch ein Sieb filtern. Mit Salz abschmecken.

Die drei Saucen sind natürlich auch für andere Fisch- und Fleischgerichte geeignet!

HERBSTGANS IM TOPF

Die Herbstgans in Portionsstücke zerteilen und in Schmalz anbraten. Zwiebeln dazugeben und goldgelb anbraten. Eingeweichte Erbsen und Graupen in einen großen, gut schließenden Topf füllen, mit den Gewürzen und dem feingeschnittenen Knoblauch vermischen. Mit ein wenig Brühe aufgießen – die Flüssigkeit sollte Erbsen und Graupen nicht bedecken – und die angebratenen Stücke der Gans mit den Zwiebeln in den Topf legen. Nun bei 180° C 2 Stunden dünsten. Danach wird die Temperatur auf 75° C reduziert und der Topf bleibt 12 Stunden im Ofen. Wenn man die Herbstgans zur Tagundnachtgleiche verspeist, hat man das ganze Jahr über Geld!

1 Gans (ca. 2-3 kg)
2 EL Gänseschmalz
1 Zwiebel
4 Knoblauchzehen
2 Tassen Erbsen
2 Tassen Graupen
1 TL Salz
1 TL Pfeffer
1/2 TL Kalmus (pulverisiert)
1/2 TL Beifuß
1/2 TL Liebstöckel (Wurzel)
2 Lorbeerblätter
1/2 TL Majoran
1/2 TL Selleriesamen
Gemüsebrühe zum Aufgießen

Kümmel

Wiesenkümmel, Brotkümmel, Kumin, Köm,
Kim, Kemmich, Karbei, Chümi

Kümmel ist wohl das älteste in Europa verwendete Gewürz.
Die frühesten Funde stammen aus dem Neolithikum.
Er wächst auf nährstoffreichen Böden von Wiesen, Weiden, Wegrändern und Böschungen. Gesammelt wird Kümmel von Juli bis
September, am besten morgens, wenn die Wiesen noch feucht sind,
da die Kümmelsamen leicht ausfallen. Kümmel ist ein Gewürz für
Brot und Brötchen. Er gehört in Kohl und Sauerkrautgerichte,
passt gut zu Schweinebraten und Hammelfleisch, würzt Quark,
Käse und Kartoffeln. Karbei hilft bei Verdauungsschwierigkeiten
und pflegt den Darm.
Die Wald-, Holz- oder Moosleute, ein Völkchen zwischen Elben
und Zwergen, scheinen allerdings nicht viel von Kümmel
zu halten. Sie beenden wohl ihre Freundschaft mit Menschen,
die ihnen Kümmelbrot anbieten.

KÜMMELSCHWEIN

Das Fleisch rundum gut mit dem Öl einreiben. Die Zwiebel fein schneiden und das Fleisch darauf legen. Die Buttermilch löffelweise auf dem Fleisch verteilen, so dass es gut bedeckt ist. Kümmel und Pfeffer im Mörser grob zerkleinern und auf den Braten streuen. Bei 200° C in den vorgeheizten Ofen stellen. Während des Garens weitere Löffel Buttermilch auf den Braten geben. Garzeit 50 Minuten pro Pfund. Vor dem Anschneiden 10 Minuten im abgeschalteten Ofen lassen.

FÜR 4-5 PERSONEN

1 kg Filetkotelett, Kamm, Nuss, Ober- oder Unterschale
2 TL Kümmel
1 TL Pfeffer
1 Zwiebel
1/2 1 Buttermilch
2 EL Olivenöl

KÜMMELKRAUT

1 Kopf Weißkraut (1kg)
50 g Schmalz
1 TL Zucker
1 Zwiebel
2 TL Kümmel
1 TL Pfeffer
Salz nach Geschmack
2 EL Apfelessig
1/4 - 1/2 l Fleischbrühe
2 EL Mehl mit kalter
Flüssigkeit verrührt

Das Kraut fein hobeln oder schneiden. Den Zucker in dem Schmalz leicht bräunen und Zwiebeln und Kümmel dazugeben. Kurz dünsten, dann das gehobelte Kraut dazugeben und gut durchköcheln. Den Essig mit der Fleischbrühe vermischen und nach und nach die Flüssigkeit hinzufügen. Das Kraut möchte nicht schwimmen! Garzeit 1 Stunde bei mäßiger Hitze. Zum Schluss das Kraut eventuell binden. Das Mehl dabei gut durchkochen lassen und dann alles abschmecken.

WILDSCHWEINRAGOUT MIT ROTWEIN UND PFLAUMEN

FÜR 4 PORTIONEN

1 kg Fleisch
1 kg Zwiebeln
1 Lorbeerblatt
3 Wacholderbeeren
1 Karotte
1 Stück Sellerie
1 Petersilienwurzel
1 l Rotwein
1 Orange
2 TL Senf
1 Prise Zucker
100 g Sauerrahm
frischer schwarzer Pfeffer
200 g Trockenpflaumen
2 cl Portwein

Das gebeizte Fleisch (siehe Abschnitt »Beizen«) von älteren Tieren oder das ungebeizte von Frischlingen und Überläufern wird in Würfel geschnitten und mit Zwiebeln angebraten. Jetzt kommt 1 Lorbeerblatt und fein geschnittenes Wurzelwerk dazu. Es wird mit Rotwein und dem Saft einer halben Orange aufgegossen. Die Flüssigkeit soll das Fleisch nicht ganz bedecken. Ist das Fleisch fast gar, vermischt man pro Pfund einen TL Senf mit etwas Rotwein, einer Prise Zucker, 1 EL Orangensaft, 100 g Sauerrahm, 1 TL geriebener Orangenschale, 3 zerriebenen Wacholderbeeren, 1/2 TL schwarzem Pfeffer und rührt die Mischung zum Ragout. Dann werden in Portwein eingeweichte Trockenpflaumen dazugegeben (100 g pro Pfund) und das Ragout köchelt weiter.

Ist die Sauce zu flüssig, kann man 1 EL Mehl in etwas kalter Flüssigkeit verrühren und mitkochen lassen. Es eignen sich auch untergerührte Weizenkleie oder feingemahlene, zu Paste zerriebene Nüsse, bis die Konsistenz stimmt.

FASAN MIT LINSEN

Die Linsen werden mit dem Wasser und den Nelken aufgesetzt und in 1 bis 1¹/₂ Std. gar gekocht. Anfangs gelegentlich abschäumen. Der Fasan wird in gefällige Stücke zerlegt und in reichlich Butter angebraten. Dann die geschnittenen Zwiebeln und Wurzeln dazugeben, mit Rotwein auffüllen und langsam weich schmoren.

Jetzt kommen die Fasanenstücke mitsamt Sauce zu den weichgekochten Linsen. Das Ganze mit Knoblauch, Pfeffer, Salz, einer Prise Zucker, etwas Senf und Rotwein nach Bedarf abschmecken. Vor dem Servieren mit Petersilie bestreuen. Dazu gibt es Holzofenbrot.

FÜR 4 PERSONEN

250 g Linsen
³/₄ l Wasser
2 Nelken
1 älterer Fasan (junge Fasane haben weißes Fett, bei älteren ist es eher gelblich)
Butter oder Öl nach Bedarf
1 Zwiebel
2 Karotten
1 Scheibe Sellerie
1 Petersilienwurzel
das weiße Stück einer Lauchstange
1 Glas Rotwein oder mehr
Pfeffer
Salz
eine Prise Zucker
etwas Senf
Petersilie

REHKNÖDEL IN ROTWEIN

Aus dem Hackfleisch, Speck, Brötchen, den feingeschnittenen, goldblond gerösteten Zwiebeln, Nüssen, dem Eiweiß von 6 Eiern und den Gewürzen einen gut durchgearbeiteten Teig herstellen. Knödel von 6-7 cm Durchmesser formen und beiseite legen.

Das Mehl in der Butter mittelbraun (hellbraun für helle Soße) rösten und mit der Gemüsebrühe und dem Wein aufgießen. Kurz aufkochen lassen. Vogelbeeren bzw. Preiselbeeren oder Johannisbeeren dazugeben. Die Knödel einlegen und mindestens 30 Min. ziehen lassen.

Die Eigelbe mit dem Sauerrahm verrühren (eventuell noch etwas Wein dazugeben) und in die Soße gießen, dazurühren und nur noch erhitzen, nicht mehr kochen lassen. Soße mit Salz und noch etwas Muskat abschmecken. Bei schwacher Hitze kann man den Topf lange stehen lassen, ohne dass der Inhalt überkocht wird.

FÜR 6 PERSONEN

1 kg Fleisch
200 g fetter Speck (am besten selbst durch den Fleischwolf drehen)
2 alte Brötchen
4 Zwiebeln
250 g Nüsse gemahlen (Haselnüsse oder Walnüsse)
1 TL Salz
1 TL Pfeffer
2 Messerspitzen Muskat
3 EL Vogelbeeren oder Preiselbeeren oder Johannisbeeren
6 Eier
¹/₂ l Gemüsebrühe
1 l Rotwein oder schwarzer Johannisbeersaft mit Rotwein gemischt
¹/₂ l Sauerrahm
100 g Butter
100 g Mehl

Tipp der Gnome

Fleischknödel lassen sich besser mit nassen Händen formen. Sie kleben dann nicht und werden runder.

LAUCH MIT SAFRAN

1 kg dünne
Lauchstangen
1 Tasse Weißwein
50 g gesalzener Speck
10 Safranfäden
1 Ei

Das Grüne vom Lauch abschneiden und für anderes aufheben. Das Lauch-weiß in fingerlange Stücke schneiden oder ganz lassen. Den Speck in einem Schmortopf anbraten, die weißen Lauchstücke und dann den Wein zugeben. Etwas nachsalzen. Auf sehr kleiner Flamme 1/2 Std. garen lassen.

Ein Ei mit dem Safran verschlagen, ein wenig Gemüsebrühe dazurühren und unter die Sauce mischen. Heiß oder warm servieren.

STEINPILZKNÖDEL

FÜR 12 KNÖDEL

250 g altbackene,
feingeschnittene Brötchen
250 ml Milch
4 Eier
300 g geputzte Steinpilze
120 g Butter
2 EL Mehl
1 gehäufter EL
feingehackte Schalotten
1-2 Knoblauchzehen
2 El feingeschnittener
Schnittlauch
Salz
Pfeffer
zerlassene Butter
geriebener Käse

Das Knödelbrot mit heißer Milch übergießen und möglichst mehrere Stunden oder über Nacht stehen lassen. Die Zwiebeln und den Knoblauch in der Butter anschwitzen, die feingeschnittenen Steinpilze darin braten. Einen Teil davon als Garnitur beiseite stellen. Die angebratenen Pilze mit Schnitt-lauch, Eiern, Mehl, Salz und Pfeffer zur Brotmasse geben und gut vermischen. Eine Weile ruhen lassen und dann mit nassen Händen 12 Knödel daraus formen. In siedendem Salzwasser 20 Min kochen lassen. Die beiseite gestell-ten Pilze erhitzen, würzen und Schnittlauch dazugeben. Die Knödel mit Käse bestreuen, mit brauner Butter abschmälzen und pro Portion einen oder mehrere Löffel der Garniturpilze dazugeben. Ist die Knödelmasse zu feucht, entsprechend Semmelbrösel in den Teig mischen.

ÜBERBACKENE STEINPILZ-FLÄDLE

Aus den oberen Zutaten einen Omelettteig rühren und $1/2$ Std. quellen lassen. Dann daraus kleine Eierküchlein backen. Diese zu Spiralen rollen, in schmale Räder schneiden und in eine Auflaufform schichten. Die einzelnen Eierspiralen mit dem Hartkäse bestreuen. Für die Füllung die Zwiebeln mit dem Knoblauch anbraten. Die Steinpilze in Scheiben schneiden, würzen und ebenfalls anbraten. Mit der gewiegten Petersilie bestreuen. Zum Schluss die Pilze mit dem dunklen Bier ablöschen und mit der Zitrone abschmecken. Schnittlauch darüber streuen.

Für den Überguss die Eier mit der sauren Sahne verrühren und mit Salz, weißem Pfeffer und Muskatnuss würzen. Noch eine Lage Käse darüber reiben und mit Butterflöckchen versehen. Für ca. 30 Minuten bei 150° C im Backofen garen. Zum Servieren eine Schnittlauchspirale darauf streuen. Natürlich kann man auch andere Pilze verwenden. Mit Lauch schmeckt's auch.

FÜR 6 PERSONEN

FLÄDLETEIG:
8 Eier
2 EL Milch
2 EL Sprudelwasser
4 EL Mehl
Salz
Sonnenblumenöl

FÜLLUNG:
800 g Steinpilze
2 Zwiebeln
1 Knoblauchzehe
Petersilie
Schnittlauch
Salz
grober, schwarzer Pfeffer
1 Prise Zucker
etwas Zitronensaft
1 Schluck dunkles Bier
(am besten Guinness)

ÜBERGUSS:
150 g geriebener Hartkäse
2 Eier
1 Becher saure Sahne
Salz
weißer Pfeffer
Muskatnuss
Butterflöckchen

HERBSTTROMPETEN-KROKETTEN

Die Pilze in etwas Butter und Saft 10 Minuten schmoren lassen. Die restliche Butter zerlassen und das Mehl hineinrühren. Die übrige Flüssigkeit und die Sahne dazugeben. Es soll eine dicke Sauce entstehen. Die Pilze dazugeben und vorsichtig vermischen. Mit Salz und Pfeffer würzen. Ca. 2 cm hoch auf ein Blech schütten. Kalt werden lassen und dann in viereckige Stücke schneiden. Diese in verrührtem Ei wenden und mit den Mandel-Brotbröseln panieren. Die Panade leicht andrücken.

Die Kroketten in heißem Fett jeweils 3 Minuten ausbacken.

1 kg Herbsttrompeten oder Steinpilze
1 Tasse Traubensaft
200 g Butter
3 EL Mehl
$1/2$ Tasse süße Sahne
2 Eier
200 g Weißbrotbrösel
100 g gemahlene Mandeln
Salz
Pfeffer

APFEL-TOMATEN-CHUTNEY

Die Tomaten häuten (kurz aufkochen und abschrecken, dann geht's besser) und in Stücke schneiden. Die Äpfel vom Gehäuse befreien und mit den Zwiebeln klein schneiden. Die Ingwerscheibe hacken. Alle anderen Zutaten dazugeben. Den Sud aufkochen und auf kleinster Flamme 2 Std. weiter köcheln, dabei gelegentlich umrühren. Heiß in Gläser füllen und luftdicht verschließen.

2 Pfund grüne Tomaten
2 Pfund saure Äpfel
1 Pfund Zwiebeln
120 g Rosinen
120 g Sultaninen
15 g frischer Ingwer
320 g brauner Zucker
1 TL Senf
1 TL Salz
$1/2$ l Weißweinessig

Waldelfentipp

Ist die Suppe mal versalzen, auf keinen Fall
weinen! Sondern trockenes Weißbrot oder rohe
Kartoffelscheiben oder etwas Dosenmilch
dazugeben. All das bindet Salz.

LEONORES COGNAC-KUCHEN

250 g Butter
250 g Zucker
6 Eier
250 g Mehl
1 Päckchen Backpulver
200 g Haselnüsse
100 g Bitterschokolade
1 Tasse Cognac

Die Butter mit dem Zucker und den Eiern schaumig rühren. Mehl, Backpulver, gemahlene Haselnüsse, Bitterschokolade vermischen und dazugeben. Mit einer Tasse Cognac auffüllen. Den Teig in eine Kastenform füllen und 75 Minuten bei 180° C backen. Schmeckt wunderbar zart.

BIRNEN IN WEIN

1 kg reife, feste Birnen
1 Handvoll Brombeeren
3/4 l Rotwein
1 Flasche Samos
50 g Zucker
1 TL Ingwer/Kalmus

Die Birnen sehr dünn schälen und dabei ganz lassen. Zusammen mit den Brombeeren köcheln sie in Rotwein für eine halbe Stunde. Den Samos mit Zucker und Ingwer/Kalmus verrühren und auf die Hälfte einkochen. Die gargekochten Birnen in eine Schüssel legen und mit dem Samos-Sirup übergießen. Gut durchziehen lassen.

APFEL- ODER BIRNENRAHMKUCHEN

FÜR DEN BODEN
200 g Mehl
75 g Zucker
1 Prise Salz
125 g Butter
1 Eigelb
4 EL Milch

FÜR DEN BELAG
4 Birnen oder 4 Äpfel
Zitronensaft
evtl. einen Schuss Rum
3 große Eier
1 Eiweiß
100 g Zucker
1 Päckchen Vanillezucker
geriebene Zitronenschale
1/2 Päckchen
Vanillepudding
1 Becher süße Sahne

Die Butter mit dem Eigelb und der Milch und dem Zucker schaumig rühren. Mehl dazu und weiterrühren. Dann alles glatt kneten und zu einer Kugel formen. 1/2 Std. im Kühlschrank ruhen lassen. Auf einer Springform ausrollen und den Rand ungefähr einen Zentimeter hochziehen. Mit einer Gabel mehrmals einstechen.

Birnen- oder Apfelhälften mehrmals längs einschlitzen. Mit Zitronensaft (und Rum) beträufeln. Von der Mitte aus die Hälften locker auf dem Boden verteilen, es kann ein wenig Raum dazwischen bleiben. Im Backofen auf der untersten Schiene bei 175° C 15-20 Minuten backen.

In der Zeit drei ganze Eier und das verbliebene Eiweiß mit 100 g Zucker und einem Päckchen Vanillezucker sehr schaumig rühren. Dabei 1/2 Päckchen Vanillepudding und die Zitronenschale einrieseln lassen. Dann den Becher süße Sahne vorsichtig unterheben. Die Mischung auf den vorgebackenen Boden mit den Früchten gießen und weitere 25 Minuten backen. Auf keinen Fall vorher die Backofentür öffnen! Ist der Kuchen fertig, den Ofen langsam auskühlen lassen (einen Löffel eine halbe Stunde in den Türspalt klemmen, ohne die Tür ganz aufgemacht zu haben). Am besten schmeckt der Kuchen warm ...

HAGEBUTTENSUPPE

Die halbierten, entkernten Hagebutten einige Stunden in warmem Wasser einweichen. Zitronenschale- und saft, Zimt, Zucker und Salz hinzufügen. Alles kochen, bis die Hagebutten weich sind. Dann durch ein Sieb drücken. Das Mehl im Wein verrühren und dazugeben, aufkochen lassen. Die Mandeln unterziehen. Das Eigelb mit $^1/_8$ l Sahne verrühren und die Suppe damit legieren. Die restliche Sahne zu fester Schlagsahne verarbeiten und die Suppe heiß oder kalt mit Schlagsahnetupfen servieren.

FÜR 10 PERSONEN

600 g Hagebutten
1 l Wasser
$^1/_4$ l Weißwein
$^1/_4$ l süße Sahne
Saft von 1 Zitrone
Schale von $^1/_2$ Zitrone
80-100 g Zucker
$^1/_2$ Zimtstange
1 Prise Salz
2 –3 EL Mehl
50 g gemahlene Mandeln
oder Haselnüsse
1 Eigelb (nach Belieben)

NUSSMAKRONEN

Gebrühte Mandeln abziehen und fein zerreiben und/oder Nüsse mahlen. Mit Zucker, Zitronenschale, und sehr steifem Eischnee mischen. Löffelweise auf Oblaten setzen und bei 150° C auf einem ungefettetem Blech 20-30 Minuten hellbraun backen.

300 g Mandeln,
Hasel- oder Walnüsse
300 g Zucker
4 Eiweiß
abgeriebene Zitronenschale

Waldelfentipp

Kocht man Milch, brennt sie weniger leicht an,
wenn im Topf unten erst ein wenig kaltes Wasser ist.

ROSWITHAS APFELSCHNEE

Die gewaschenen und geschnittenen Äpfel im Apfelwein oder Wasser 15 Minuten lang weich kochen. Zimtstange, Nelken, geriebene Zitronenschale und feingeschnittenen Ingwer dazugeben. Durch ein Sieb streichen und mit Zucker und Zimt abschmecken. Die Schlagsahne mit einem Päckchen Vanillezucker sehr steif schlagen und unter das abgekühlte Apfelmus heben.

FÜR 2 LITER APFELMUS

2 kg Falläpfel oder
saure Kochäpfel
$^1/_4$ l Apfelwein oder Wasser
eine geriebene Zitronenschale
2 Gewürznelken
eine Zimtstange
etwas frischer Ingwer
ein Becher Schlagsahne

Samhain - Ahnenfest

DIE AHNEN EHREN – REICHTUM AUS DER ANDERSWELT

In der neolithischen Zeit stand der Hirsch mit seinem goldenen Geweih symbolisch für die Sonne. Diesen erlegten schwarze JägerInnen als StellvertreterInnen für die dunkle Göttin zum Novembervollmond (ursprünglich wurde Halloween nämlich dann gefeiert) und weihten ihr die Opfergabe. Die Kraft des Lebens zieht sich zur Regeneration in die Erde zurück, aus diesem Grunde werden ab jetzt keine Heilkräuter mehr gepflückt.

An Halloween, der Nacht der Zaubersprüche, der aufsteigenden Seelen und Toten öffnet Frau Holle oder die Percht die Pforten zur Unterwelt. Weil die Schwelle, die normalerweise das Erdleben von der Anderswelt trennt, nun überschritten werden kann, machen sich die weisen Frauen mit Kürbislaternen zu Gräbern und Dolmen auf, um den Rat der Ahnen zu suchen und mit ihnen zu feiern. Kerzen und Lichter weisen auch verlorenen Seelen den Weg. Die Perchtnacht ist besonders verheißungsvoll. Denn die Ahnen sind die Quelle unseres Reichtums, sowohl des inneren als auch des äußeren.

Diese Nacht der Verbindung vermag die Orakelkräfte zu fördern. Aus der Asche von Nussschalen lässt sich vor einem Spiegel lesen, aus den Rückständen von Teeblättern in der Trinkschale, aber auch aus den Krümeln des Seelenbrots. Weise Frauen fliegen jetzt aus. Sie opfern eine Gans, räuchern sie mit Beifuß, dem Traum- und Visionskraut, oder reiben sie damit ein. Im Gänsefett werden die Flugkräuter gesiedet, mit denen sie ihre Besenstiele einschmieren. Durch den Rauchfang fliegen sie zum Mond, um dort Weissagungen über ihr zukünftiges Schicksal zu empfangen. Den Hexenmond bilden sie nach aus einer ausgehöhlten Steckrübe, in der eine Kerze brennt, moderne Hexen bedienen sich eines Kürbisses.

Nach einem alten Brauch reinigt man jetzt den Herd, damit man während der Geisternächte aus der Anderen Welt berührt werden kann. Es fällt den Verstorbenen anscheinend leichter, durch den Kamin zu Besuch zu kommen, wenn der Herd sauber ist.

In Irland bäckt man in dieser Nacht Pfannkuchen, oder bereitet möglichst lang vor sich hin köchelnde Eintöpfe aus Wurzelgemüse, denn man braucht die ganze Nacht, um sich Gespenstergeschichten oder Ahnengeschichten zu erzählen. Manch eine versteckt auch inmitten eines Eintopfes einen Ring. Wer ihn findet, dem ist das Glück hold. Man zündet ein besonders wärmendes Feuer an und verbrennt schützende Hölzer von Wacholder, Holunder, Erle, Tanne, Eibe oder Buche. Vor die Hintertüre stellt man Gaben für die Geister, Süßes, Äpfel, Haselnüsse, Geld, Milch, Obst und Fleisch. Wenn es geholt wurde, ist der Reichtum im kommenden Jahr gesichert.

Verlässt man in der Geisternacht das Haus, ist es besser, dies als Geistahne verkleidet zu tun. Verrücktsein und lärmende Ausgelassenheit vertreiben die inneren Geister und befreien die äußeren. Besonders wichtig ist es nach irischem Brauch, diese Nacht möglichst berauscht zu beschließen.

In vielen Ländern werden am kommenden Tag Seelenbrote gebacken.

Spinnennetz und Schicksalsfaden

Schwellenhüterin,
aus meinem Netz
löse ich mich
durch die Lücke
in die Anderswelt

beschützt
geführt
geleitet

ergeben musste ich mich
innehalten
aufhören
zuhören

schwarz
dein einziges Auge

danke
meinen Vorfahrinnen
danke
der Spindel
danke
den Verbindungsfäden.

Dornige Hecken schützen nicht nur Dornröschens, sondern auch unseren Schlaf. Vor allem Weißdorn und Wildrose fördern den ungestörten Schlaf, ungebetene Geister davon abhaltend, sich dessen zu bemächtigen. Haselnüsse werden schon seit dem Neolithikum Gestorbenen als Totenspeise in die Hand oder zwischen die Zähne gegeben. Keltische Tote wurden auf Haselzweige gebettet und germanische Verstorbene bekamen Haselzweige auf das Grab gepflanzt. Die Haselnuss birgt die Weisheit aus der jenseitigen Welt und lässt uns manches Rätsel knacken.

Holunder, der Hollerbusch von Frau Holle schützt die Wesen, die auf der Erde leben vor denen, die sich unter der Erde aufhalten. Er steht an der Schwelle, dazwischen. Holz, Rinde, Wurzel und Blüte dienen als Räucherung zur Kontaktaufnahme mit der unsichtbaren Welt. Unter dem Holunder werden Milch, Bier und Brot geopfert. Holunderblütentee trinkt man zur Totenwache.

Blumen und immergrünes Laub gab es schon immer für die Toten. Man bettete sie auf blühende Heilpflanzen und umgab die Stätte mit Beifuß. Nach mexikanischem Brauch wird ein Blütenpfad aus Samtblumen (tagetes) gestreut vom Haus bis zum Fest, denn es heißt dort, die Toten könnten die Farbe Gelb besonders gut erkennen.

EIN TISCH FÜRS AHNENFEST

Wurzeln lassen sich so auslegen, dass ein Netz entsteht. Nussketten, spiralig gewunden erinnern an die Zeitlinie, auf der Erinnerungen aufgefädelt sind, wie Perlen auf einer Schnur. Die Gäste bringen mit, was einst wichtigen Ahnen gehörte, Taschentücher, Knöpfe, Schmuckstücke, Schriftstücke und fügen sie in die Lücken auf dem Tisch. So ist der Boden für die Geschichten bereitet, die sich um die Vorfahren spinnen können. Orangen, mit Nelken gespickt, an Haselzweige gebunden leuchten als Monde und spenden inspirierenden Duft. In die Räucherschale kommen ein paar Stangen Zimt. Ein zusätzlicher Teller wird gedeckt und mit Speisen gefüllt. An diesem Platz sind die Ahnen willkommen. Später findet der Teller draußen seinen richtigen Ort.

Geeignet sind alle Gerichte, die lange dauern und damit auch duften. Eintöpfe aus Wurzelgemüse erinnern an unsere Wurzeln, gemischtes Fleisch von Wild stellt Verbindungen aller Art her und Braten sorgt für genügend Zeit, um Gemütlichkeit und Wärme aufkommen zu lassen. Kürbissuppe, Kartoffelsuppe und Pfannkuchen bringen die Sonne auf den Tisch und lassen die vergangenen Geschichten aufleuchten. Alkoholische Getränke sorgen für innere Wärme und Behaglichkeit.

Samhainpflanze: Salbei

Salbei gewährt mütterlichen Schutz, Altersweisheit, belebt und reinigt den Geist und sorgt für neue Einsichten. Mit Salbeiräucherungen lassen sich Gegenstände von ihnen anhaftenden Gefühlen reinigen. Bei Entzündungen wirkt ein kräftiger Salbeisud. Die gekochten Blätter kann man auf die Wunde legen. Salbeitee ist gut gegen Halsschmerzen, Mundgeruch und Blähungen.

Schlehe *Schwarzdorn, Haferpflaume, Bockbeerli*

Die reifen Früchte werden erst nach den ersten frostigen Tagen gesammelt. So verlieren sie ihren bitteren Geschmack. Sowohl die Blüten, Blätter, als auch die Früchte besitzen heilende Kräfte. Schlehe wirkt leicht abführend, reinigt das Blut, wirkt bei Magenkrämpfen, Husten, verzögerter Menstruation, Nieren- und Gallensteinen und Nasenbluten. Gegurgelt hilft der Schlehensaft bei Zahnfleischentzündung. Setzt man Schlehenlikör an, eignen sich die alkoholdurchtränkten Beeren, die nach dem Filtern übrig bleiben, als Wildbeigabe.

SCHOTTISCHES GEISTERGEBRÄU

Erst alle Zutaten ohne den Whisky einige Minuten umrühren. Dann mit dem Whisky einige Minuten rühren. Jetzt trinken. Ruft die süßen Geister herbei.

1/2 Flasche Whisky
250 g Puderzucker
250 g Honig
0,25 l Apfelwein
(besser süßer Cider)
3 EL Hagebuttensirup
oder anderer Sirup

SCHLEHENGEISTER

Schlehen im Mörser leicht zerstampfen. Einen Teil der Kerne auch. Das Mus in den Kessel füllen, Rotwein, Gewürze und Zitronenschale dazu, und drei bis vier Tage kühl stehen lassen. Alles durch ein Sieb gießen und den Saft kurz aufkochen. Leicht abkühlen lassen und den Honig einrühren. Wenn kalt, Wodka dazu. In Flaschen abfüllen und gut verschließen. Dunkel und kühl mindestens ein Jahr lang lagern. Der Schlehengeist schmeckt, sobald er eine goldene Farbe bekommt.

600 g Schlehen
0,7 l Rotwein
1 Zimtstange
3 Nelken
3 Anissterne
1 Zitrone
300 g Honig
0,7 Wodka

SCHLEHENAMME

Schlehen mit einer Nadel einstechen, noch gefroren in ein Behältnis füllen, alles dazu und gut schütteln. 6 Wochen lang an ein Fenster über der Heizung stellen. Immer wieder schütteln. Durch einen Kaffeefilter gießen und abfüllen. Gut verschlossen kühl lagern.

600 g Schlehen
2 Zimtstangen
2 Orangen
1 l Wodka oder Gin
500 g brauner Kandiszucker

SEEJUNGFRAUGEIST

Die Zutaten werden vermischt und in einem verschlossenen Gefäß aufbewahrt. Nach zwei Wochen schmeckt das Gebräu köstlich auf z. B. Pfannkuchen mit Walnusseis.

Eine Buddel Rum,
eine halbe Ingwerwurzel
200 g Rosinen
Kandiszucker

ERBSENSUPPE

Die Erbsen werden gewaschen und über Nacht in 2l Wasser eingeweicht. Am nächsten Tag bringt man die Erbsen im Einweichwasser mit der geschnittenen Zwiebel und den Gewürzen (außer dem Salz) und dem Schinkenknochen zum Kochen und lässt alles auf kleiner Flamme 1 Std. simmern. Danach gibt man die Schweineschulter, den zerkleinerten Lauch, Karotten und Sellerie dazu und lässt 1 1/2 Std. weiter köcheln. Zum Schluss werden der Schinkenknochen und das Fleisch herausgenommen. Das Fleisch in Würfel schneiden und wieder in die Suppe geben. Mit Salz und Pfeffer abschmecken und mit viel Petersilie bestreuen. Dazu stellt man einen guten Senf auf den Tisch, der sich lecker in der Suppe macht.

FÜR 4 PERSONEN

300 g gelbe Erbsen
2 l Wasser
1 Schinkenknochen
600 g Schweineschulter
1 Stange Lauch
1 Zwiebel
2 Karotten
1 Scheibe Sellerie (ca. 200 g)
Salz
weißer Pfeffer
Majoran
Thymian
Petersilie

Peters Kürbissuppe

FÜR 4 PERSONEN

1 kg Fleisch
vom Gartenkürbis
2 Zwiebeln
2 Knoblauchzehen
40 g Butter
700 ml Gemüsebrühe
oder Fleischfond
1 Glas Weißwein
Cayennepfeffer
2 EL Johannisbeergelee
1 Becher Creme Fraiche
Salz
Weißer Pfeffer
Muskatnuss
1 Prise Piment

Das Kürbisfleisch in Stücke schneiden. Zwiebeln und Knoblauch kurz anbraten, mit Weißwein ablöschen und Brühe dazugeben. Mit Cayennepfeffer würzen. Kürbisfleisch dazu und ungefähr zehn Minuten köcheln lassen, bis der Kürbis zerfällt. Dann pürieren und Creme Fraiche, Johannisbeergelee, Salz, Pfeffer, Muskatnuss, Piment dazugeben, bis es schmeckt.

Trockenes Toastbrot oder altes Brötchen in Würfel schneiden und in Butter in der Pfanne vorsichtig rösten. Über die Suppe streuen.

Hirschknödel in Weiß, Rot und Orange

FÜR 4 PERSONEN

1 kg Hirschfleisch
250 g Speck
4 EL geriebener
Meerrettich
4 Eier
1 Bund Petersilie
1 Bund Schnittlauch
Salz, Pfeffer
2 Messerspitzen Muskat
2 Zwiebeln
geriebene Zitronenschale
von einer Zitrone
2 TL Zitronensaft
Semmelbrösel

1 kg Hirschfleisch wird mit 250 g Speck durch den Fleischwolf gedreht. In das Hackfleisch knetet man 4 EL geriebenen Meerrettich, 4 Eier, Salz, Pfeffer, 2 Messerspitzen Muskat, 1 Bund Petersilie, 1 Bund Schnittlauch, 4 Stängel feingewiegten Kerbel, 2 feingeschnittene Zwiebeln (können auch durch den Fleischwolf getrieben werden ...), geriebene Zitronenschale von einer Zitrone, 2 TL Zitronensaft und soviel Semmelbrösel, dass der Fleischteig gut zusammenhält. Zuerst kocht man einen kleinen Probeknödel, um zu sehen, ob alles beieinander bleibt – falls nicht, knetet man noch mehr Semmelbrösel in den Teig und formt dann die Knödel – 2-3 EL Teig pro Stück.

Sie werden ca. 25 Minuten in Gemüsebrühe gekocht, bis sie an der Oberfläche tanzen. Dann mit einem Sieb oder Schaumlöffel herausheben und beiseite stellen.

MIT WEISSER SAUCE

Mit 100 g Butter und 100 g Mehl eine helle Mehlschwitze bereiten. Diese mit $^1/_2$ l der Kochflüssigkeit aufgießen. Gut aufkochen. Langsam $^1/_2$ l Weißwein dazu geben und weiter köcheln. 2 Äpfel in die Sauce reiben. Frischen geriebenen Meerrettich nach Geschmack dazugeben. Die Knödel in die Sauce einlegen und nur noch ziehen, nicht mehr kochen lassen, sonst verliert der Meerrettich seine Schärfe. Zum Servieren reichlich mit Petersilie bestreuen.

100 g Butter
100 g Mehl
$^1/_2$ l Kochwasser der Knödel
$^1/_2$ l trockener Weißwein
2 Äpfel
frischer Meerrettich
1 Bund Petersilie

MIT ORANGER SAUCE

Die gereinigten und geschnittenen Fichtenreizker (August bis November) mit etwas Butter und einem Zitronenviertel 5 Minuten dämpfen. 3 EL Butter schmelzen, darin 3 EL Mehl glatt verrühren und mit 1 l kochender Gemüsebrühe aufgießen. Die Pilze ohne die Zitrone dazugeben und 10 Minuten leise kochen lassen. Mit Salz und Muskat abschmecken. 1 Tasse Sauerrahm mit den 4 Eigelb verschlagen und in die Flüssigkeit rühren. Nicht mehr kochen lassen. Die warmgestellten Knödel in der Sauce ziehen lassen. Für mehr Farbe kann man noch einen Löffel Hagebuttenmarmelade dazu geben … .

250 g Fichtenreizker
4 EL Butter
3 EL Mehl
$^1/_4$ Zitrone
1 l Gemüsebrühe
1 Tasse Sauerrahm
4 Eigelb
Hagebuttenmarmelade
Salz
Muskat

MIT ROTER SAUCE

Aus dem Olivenöl und Mehl eine braune Mehlschwitze bereiten. Mit $^1/_2$ l der Kochflüssigkeit und $^1/_2$ l Rotwein aufgießen. Johannisbeergelee, geriebenen Meerrettich, 6 EL Rotwein, 3-6 TL Sardellenpaste (nach Geschmack), Pfeffer, 1 Prise Zucker vermischen und in die Sauce rühren, die Knödel darin einlegen und ziehen lassen.

100 g Olivenöl
100 g Mehl
$^1/_2$ l Knödelwasser
$^3/_4$ l Rotwein
6 EL Johannisbeer-
marmelade
6 EL frischer Meerrettich
3-6 EL Sardellenpaste
frischer schwarzer Pfeffer
1 Prise Zucker

HASELNUSS- ODER WALNUSSNUDELN

Die Zutaten vermengen, eine Kugel formen und dann noch mal mindestens 5 Minuten kneten. Je nach Geschmeidigkeit noch ein wenig Wasser oder Mehl hinzufügen. Teig 1 Std. im Kühlschrank ausruhen lassen. Dann alles durch die Nudelmaschine drehen. In viel sprudelnd heißes gesalzenes Wasser, das mit einem Schuss Olivenöl angereichert ist, hineingeben und dann vorsichtig ziehen lassen.

Schmeckt mit Pilzen.

600 g Weizenmehl
150 g geröstete gemahlene Haselnüsse oder gemahlene Walnüsse
1 TL Salz
6 Eier
2 Eigelb
3 El Olivenöl

Waldelfentipp

*Sollten Nudeln nach dem Kochen trotz Butter
zusammenkleben, gießt man kurz vor dem
Servieren ein Gläschen kaltes Wasser darüber.
Sie trennen sich wieder wie von selbst.*

Haselnuss

Die Haselnuss schützt vor chaotischen Kräften und Jenseitsenergien.
Schläft man unter Haselzweigen, sollen die Träume zukunftsträchtig
sein und Kinderwünsche begünstigt werden.
Unter dem Haselstrauch fällt es leichter, sich mit den freundlichen
Naturgeistern zu verbinden. Die schlangenumwundenen
heilenden Zauberstäbe und Wünschelruten sind oft aus Haselzweigen.
Schamanen machen mit ihnen Regen.

OCHSENSCHWANZGEISTERTOPF

FÜR 6 PERSONEN

1,5 kg Ochsenschwanz
100 g durchwachsener
Speck
2 EL Schmalz
2 Karotten
3 Stangen Staudensellerie
2 Bund Petersilie
1/4 l trockener Weißwein
3 EL Tomatenmark
1 große Zwiebel
2 Knoblauchzehen
scharfes Paprikapulver
oder Chilischote
Zimt
nach Belieben Rosinen
und Pinienkerne
Kristallsalz, Pfeffer
Ein Glas Rotwein
1 Schuss Cognac

Ochsenschwänze in kleine Stücke hacken und waschen. 10 Minuten in Salzwasser kochen. Herausnehmen und abtropfen lassen. 1/2 Liter des Wassers aufheben. Im Schmalz und Speck jeweils kleine Mengen des Fleischs anbraten, bis sie richtig braun sind. 1 Bund Petersilie, Knoblauchzehen, Möhren, Zwiebeln in winzige Stücke hacken. Das Gemisch in einer Schüssel aufbewahren. Sobald alle Ochsenschwanzstücke braun sind, das Gemisch dazugeben und andünsten. Den Weißwein einfüllen, den Schuss Cognac dazugeben und alles so lange kochen lassen, bis die Hälfte der Flüssigkeit verdampft ist. Salz und Pfeffer dazu. Das Tomatenmark mit dem 1/2 l Salzwasser verrühren und über das Fleisch gießen. Auf kleinster Flamme den verschlossenen Topf 2 1/2 bis 3 Stunden köcheln lassen. In den letzten 15 Min. in feine Streifen geschnittenen Staudensellerie mitkochen lassen. Das Selleriegrün und den zweiten Peter-silienbund klein hacken und ganz zum Schluss zusammen mit dem Paprikapulver oder der Chilischote, noch mal Salz und Pfeffer und der Prise Zimt den Ochsenschwanzgeistertopf vervollkommnen. Rotwein in der letzten Minute dazugeben. Dieser Geistertopf verbreitet durch seinen Geruch angenehmes Wohlbehagen über Stunden. Schmeckt immer besser, je länger es köchelt. Geeignet für Gäste, die immer zu spät kommen. Ruft selbst die verschollenen Ahnen herbei!

Tipp der Gnome

Suppenfleisch im Allgemeinen wird weicher, wenn man einen
Schuss Cognac dazugibt. Der Fleischgeschmack intensiviert
sich damit ebenfalls.

SEELENKUGELN – SEMMELKNÖDEL

Speck und Zwiebeln in feine Würfel schneiden. Speck braun anbraten, Zwiebeln vorsichtig darin glasig dünsten. Brötchen in kleine Stücke hacken und in eine große Schüssel füllen. Die Milch mit der Butter erwärmen, über die Semmelstücke gießen, alles verrühren und das Speck-Zwiebelgemisch hinzufügen. Abkühlen lassen. Eier, Petersilie, Salz und Muskat darunter rühren. Die Masse fühlt sich ziemlich trocken an. Lieber noch ein Brötchen mehr dazugeben, falls der Teig schmierig wird. Mit bemehlten Händen 20 Klöße formen. Salzwasser zum Kochen bringen, runterschalten und dann die Klöße vorsichtig 20 Minuten ziehen lassen (das Wasser kann sich leicht bewegen, darf aber nicht kochen). Wenn sie sich drehen, sind sie fertig.

Jede verspeiste Seelenkugel erfüllt einen guten Wunsch für eine andere Seele ...

100 g durchwachsenen Speck
4 mittlere Zwiebeln
40 g Butter
16 alte Brötchen
600 ml Milch
4 Eier
2 EL gehackte Petersilie
Muskat
Salz

Waldelfentipp

*Statt Speck schmecken auch sehr gut
eingeweichte Trockenpilze oder
frische kleingehackte Steinpilze, Maronen
oder Pfifferlinge in den Knödeln.*

RINDERBRATEN MIT BRAUNBIER

Das Fleisch in der Butter rundum anbraten, dann in eine Bratenpfanne mit Deckel legen. Die Zwiebeln hellgelb andünsten, Mehl darüber stäuben und unter Rühren 1 Minute anrösten. Langsam die Gemüsebrühe und das Bier zugeben. Unter Rühren aufkochen lassen. Pfeffer, Zucker, Essig und Lorbeerblätter hinzufügen und über das Fleisch gießen. Bei 170° 2 $\frac{1}{2}$ Stunden im Ofen lassen. Senf in die Sauce rühren. Noch weitere 20 Minuten garen.

FÜR 6 PERSONEN

1,5 kg Rinderbraten
60 g Butter
1 große Zwiebel, fein geschnitten
60 g Mehl
300 cl dunkles Bier
300 cl Fleisch - oder Gemüsebrühe
Salz, Pfeffer
1 TL Zucker
1 TL Essig
3 Lorbeerblätter
4 EL Senf

ROSENKOHL MIT MARONEN

Den geputzten Rosenkohl in 2 l kochendes Salzwasser geben, bei schwacher Hitze 20 Minuten garen und in einem Sieb abtropfen lassen. Die Kastanien am spitzen Ende kreuzweise einschneiden und in 2 l Wasser bei starker Hitze zugedeckt 20 Minuten kochen lassen. Die Kastanien abgießen und schälen – auch die innere Haut abziehen. Butter und Honig unter Rühren erhitzen und die Kastanien darin wenden. Mit heißer Gemüsebrühe auffüllen und zugedeckt 10 Minuten dünsten. Den Rosenkohl dazugeben, bei schwacher Hitze durchwärmen und ziehen lassen, zum Schluss mit Salz und Muskat abschmecken.

FÜR 8-10 PERSONEN

1 kg Rosenkohl
2 l Wasser
1 TL Salz
1 kg Maronen
2 l Wasser
100 g Butter
4 EL Honig
$\frac{1}{2}$ l Gemüsebrühe
1 Prise Salz
1 Prise Muskat

WILDSCHWEINKEULE NACH ALTER ART

FÜR 7 PERSONEN

Eine Wildschweinkeule
ca. 2 kg schwer
Eine Handvoll
Schwarzbrot
3 Zwiebeln
Speckwürfel
nach Belieben
1 Bund Petersilie
1 Schnapsglas Essig
10 Wacholderbeeren
einige Scheiben Ingwer
2-3 Lorbeerblätter
Schwarzer Pfeffer
3 Nelken
Zitronenscheiben von
einer Zitrone plus Schale
1/2 l trockener Rotwein

Das Schwarzbrot wird gerieben und mit dem Speck und den kleingehackten Zwiebeln angeröstet. Dann kommen die restlichen Zutaten dazu. Das Ganze mit dem Wein aufgießen und leise köcheln lassen. Die Wildschweinkeule erst in Olivenöl von allen Seiten anbraten, dann im Sud weich kochen. Das kann zwei bis drei Stunden dauern. Bei Bedarf Wein nachgießen.

MARTINSGANS

1 Gans ca. 5 kg
Salz, Pfeffer aus dem
Mörser
3 große Äpfel
200 g in Rotwein einge-
weichte Backpflaumen
ca. 200 g Rosinen
1 Handvoll Maronen
4 EL Paniermehl
Beifuß
1/4 l Wasser
1/4 l Gemüsebrühe
1/4 Rotwein
1/8 l süße Sahne
2 TL Stärkemehl
Majoran

Die zum Braten hergerichtete Gans innen und außen mit Salz und Pfeffer einreiben. Herz, Leber und Magen in kleine Stücke schneiden. Äpfel und Pflaumen in Scheiben schneiden und mit Maronen, Rosinen und Paniermehl vermischen. Beifuß nach Geschmack dazugeben. Die Mischung in die Gans füllen und die Öffnung mit Küchenzwirn zunähen. Den Ofen auf 170° C vorheizen. Die Gans auf den Rost über die Fettpfanne legen und ca. 3 Std. im Ofen lassen. Etwas Wasser in die Fettpfanne geben und zwischendurch kontrollieren, ob es nicht verdampft ist. Dann die Gans mit kaltem Wasser besprühen und 20 Min. bei 220° C knusprig braten. Den Bratensaft entfetten, mit Brühe, Wein und Sahne (eventuell Stärkemehl) einkochen und mit Pfeffer, Majoran, Salz abschmecken. Als Garnitur eignen sich Apfelmus, Preiselbeeren, süß-saure Birnen ...

KAMINFEUERSTEAKS

So viele Rindersteaks
wie Personen, möglichst
mit breitem Fettrand
getrocknete
Rosmarinzweige
getrocknete
Thymianzweige
getrockneter Torf oder
Buchen- oder Eichenholz
Olivenöl
grobkörniger Senf
schwarzer Pfeffer aus
dem Mörser
Calvados
Kristallsalz

Wer einen Kamin besitzt, hat's gut. Das Kaminfeuer hat bereits gemütlich und gut gebrannt, bevor es los geht: Die Kaminfeuersteaks erhalten ihren köstlichen Geschmack durch die Art des Brennmaterials. Am besten schmecken sie über einem Torffeuer, in das man während der Garzeit immer wieder einige Zweige Rosmarin und Thymian streut.

Die Steaks werden mit einem Olivenöl-Senf-Gemisch kräftig eingerieben. Dann mit dem Pfeffer bestreut und einige Tropfen Calvados drauf. Fettrand einschneiden. Salzen unbedingt erst nach der Garung. Auf dem Feuer einen Grillrost anbringen und die Steaks im Kräuter-Torf-Rauch braten. Viel besser geht's nicht!

TRAUMREVIER-EINTOPF

Das Fleisch von Rotwild, Wildschwein und Reh in große Würfel schneiden. Mit Mehl bestäuben und in einer großen Pfanne in Olivenöl anbraten. Jetzt kommt es in den großen Topf, worin bereits feingeschnittene Zwiebeln und Wurzeln schmoren. Mit dem Saft-Weingemisch wird aufgegossen. Haselnüsse und Gewürze hinzufügen.

Die Ente wird in Portionsstücke zerlegt, in Olivenöl angebraten und ebenfalls in den großen Topf gegeben. Mit Wein aufgießen und umrühren.

Hase und Fasan (ohne Haut) in Portionsstücke schneiden, eventuell entbeinen, mit Olivenöl einreiben und mit Speckscheiben belegen. Im Backofen bei 210° C 30 bis 45 Minuten braten. Den Speck abnehmen, in feine Streifen schneiden und zu den gebratenen Fleischstücken in den großen Topf legen. Mit einer dickflüssigen Mischung aus Wein/Johannisbeersaft und Maronenpürée bedecken.

Inzwischen die feingeschnittenen Pilze 15 Minuten im eigenen Saft dünsten und zum Fleisch geben.

Auf kleiner Flamme, bei geschlossenem Deckel köcheln lassen. Sollte die Sauce zu flüssig sein, kann man entweder mehr Maronenpürée hineinrühren oder etwas Mehl mit Wein/Saft verrühren und mit der abgeschöpften Sauce aufkochen. Zum Schluss salzen bzw. mit gekörnter Gemüsebrühe abschmecken.

Diesen Wildeintopf stellt man am besten einen Tag vor dem Fest her und wärmt alles auf kleiner Flamme wieder auf – dabei den Deckel ein wenig offen lassen, sonst bildet sich auf dem Topfboden eine Kruste. Nur gelegentlich umrühren. Nicht am Wein-Saftgemisch sparen ... Es sollten immer 3 bis 5 cm Flüssigkeit über dem Fleisch stehen.

FÜR 15 BIS 20 PERSONEN

1 sehr großer Topf
Wildschwein, Hirsch, Reh:
je 1 kg
Hase, Ente, Fasan:
je ca. 500 g

ZUTATEN PRO KILO FLEISCH
Rotwein,
schwarzer Johannisbeersaft,
2:1, $1/2$ l
50 g ganze Haselnüsse
100 g Maronen, püriert
2 Zwiebeln
1 Scheibe Sellerie
2 Karotten
1 Petersilienwurzel

1 Lorbeerblatt
4 Wacholderbeeren
1 TL Thymian
1 TL Rosmarin
2 Nelken
2 Pimentkörner
$1/2$ TL Korianderkörner
$1/2$ TL Pfeffer, gemahlen

100 g Pilze (Steinpilze, Pfifferlinge, Champignons)
reichlich durchwachsener
Speck in dünnen Scheiben

WURZELGEMÜSE - BORSCHTSCH

ALLES in einen Topf und lange köcheln. Schmeckt am besten aufgewärmt am nächsten Tag und eignet sich daher gut zur stressfreien Vorbereitung. Wer möchte, kann noch Rindfleisch dazu kochen. Dann das Rindfleisch zuerst anbraten und mindestens eine Stunde auf kleiner Flamme in ein wenig Gemüsebrühe vorköcheln.

750 g Rote Beete
750 g Kartoffeln
500 g Weißkohl
250 g Zwiebeln
500 g Tomaten
3 Stangen Sellerie
(oder auch Wurzelsellerie)
4 Knoblauchzehen
(oder mehr!)
30 g Butterschmalz
1 $1/2$ l Gemüsebrühe
2 EL. Zitronensaft
1 Bund Petersilie
2 Stiele Dill
150 g Schmand
Salz
Pfeffer
Zucker

WALNUSS-BIRNEN-SALAT

3 Birnen
3 El Zitronensaft
3 El Honig
70 g Walnusshälften
2 Chicorée

SAUCE
2 EL Weißweinessig
3 EL Walnussöl
Salz
Pfeffer
200 g Ziegenkäse

Birnen schälen, entkernen und achteln. Mit Zitronensaft beträufeln. Birnen im Saft auf jeder Seite zwei Minuten erhitzen, dann herausnehmen. Walnüsse hineingeben. So lange kochen, bis sie ganz vom Honig eingehüllt sind. Chicoréeblätter zupfen und auf dem Teller anordnen. Salatsauce rühren und darauf verteilen. Birnenstücke, Ziegenkäse und Walnüsse kommen zum Schluss drauf.

EINGELEGTER KÜRBIS

1 kg Kürbisfleisch
1/8 l Wasser
1/8 l Weißweinessig
5-6 Wacholderbeeren
Gewürznelken
Pfefferkörner
Zimtstange
2 Chilischoten
300 g Zucker

Kürbisstücke mit dem Wasser und Weißweinessig über Nacht ziehen lassen. Das Wasser abgießen, auffangen und im Topf mit allen Zutaten aufkochen. Kürbisfleisch einfüllen und ungefähr 5 Minuten köcheln lassen, ohne dass der Kürbis zu weich wird. Noch heiß in Marmeladegläser füllen und verschließen. Hält einige Monate.

SCHLEHEN ZUM WILD

1 kg Schlehen
750 g brauner Zucker
1 Glas Wasser
1/2 l Apfelessig
2 Zimtstangen
6 Nelken
3 EL Senfkörner

Schlehen über Nacht einfrieren oder warten, bis der erste Frost kam. Dadurch verlieren sie das Bittere. Den Zucker karamellisieren. Mit Essig und Wasser aufkochen, bis sich der Zucker aufgelöst hat. Schlehen und Gewürze hineingeben. Fast zum Kochen bringen. Noch heiß in Gläser füllen (Metalllöffel vorher hineintun, damit sie nicht platzen) und luftdicht verschließen. Nach zwei Monaten sind sie fertig. Sie eignen sich gut zur Beilage von Wild, Wildgeflügel und zu Käse.

SEELENBROT

FÜR EIN BROT NORMALER GRÖSSE BRAUCHT MAN:

450 g geschrotetes Roggenmehl
450 g helles oder weißes Mehl
3 g Salz
30 g Zucker
30 g Fett oder Öl, (Walnussöl schmeckt man besten)
0,6 l lauwarmes Wasser
30 g Hefe
gebratener Speck, Walnüsse oder Haselnüsse nach Belieben

Seelenbrote bäckt man und lässt sie über Nacht in der Küche als Gaben für die Geister stehen. Haben sie noch etwas übrig gelassen, kann man die eigene Seele damit erfreuen. Sie schmecken mit und ohne Speck, je nach Bedarf.

Für den Vorteig wird der Zucker in Wasser aufgelöst, Hefe dazugegeben und umgerührt. 225 g helles Mehl kommen dazu und das Ganze geht dann 20 Min. lang auf.

Das übrige Mehl, Salz, Nüsse, Speck gesellen sich darunter und werden 10 Minuten lang geknetet. Dann ruht der Teig für 1 1/2 Std. und wird in der halben Zeit noch einmal gut durchgeknetet. Der Teig wird in eine runde Form gefüllt und mit Spiralenmustern verziert. Nach 40 Minuten bei 230° C sind die Seelenbrote fertig.

SAUERTEIG

Wer Seelenfreunde hat, die lieber Sauerteigbrot essen, kann auch statt der Hefe einen Sauerteig vorbereiten:

Roggenmehl, Kümmel und etwas lauwarmes Wasser werden zu einem dicken Brei vermischt. Die Masse ruht dann 4-6 Tage im Kühlschrank. Nun werden Mehl und ein wenig lauwarmes Wasser dazugefügt und der Sauerteig bleibt noch einmal 2 Tage kühl stehen. Diese Mischung kommt statt der Hefe zu den restlichen Zutaten. Der Teig braucht nicht zu gehen.

50 g Roggenmehl
5 g Kümmel
50 g Mehl
lauwarmes Wasser

Eberesche

Die Eberesche bietet einen starken Schutz, nicht nur bei Gewittern, sondern auch vor allem Übel. Ihre Blätter ergeben einen guten Tee gegen Zyklusschmerzen. Die gekochten Beeren wirken harntreibend und abführend.

VOGELBEERMUS – EBERESCHENGELEE

Die vollreifen Vogelbeeren werden nach dem ersten Frost geerntet (oder besser im September, wenn sie reif sind, dann legt man sie über Nacht in den Gefrierschrank). Die Beeren mit wenig Wasser weich kochen, durch ein Sieb drücken, mit der gleichen Gewichtsmenge Zucker und einem Schuss Weißwein in 30 – 40 Minuten zu einem dicken Mus garen. Das Mus ist fertig, wenn am Kochlöffel einzelne Tropfen hängen bleiben. Abfüllen wie Marmelade. Schmeckt zu allen Wildgerichten.

1 Teil Vogelbeeren
1 Teil Zucker
Wasser

Hutzelbrot

1 Pfund getrocknete
Birnenschnitze
1 Pfund getrocknete
Pflaumen
1 Pfund Nüsse
1 Pfund Mehl
1 Pfund getrocknete
Feigen
1 Pfund Rosinen
25 g Hefe
$1/2$ Schnapsglas
Kirschwasser
25 g Zimt
$1/2$ TL Nelken
125 g Zucker
1 TL Salz

Die Hutzeln (Birnen) werden in Wasser eingeweicht und $1/2$ Std. gekocht. Jetzt schüttest du sie über die Trockenpflaumen und weichst sie über Nacht ein. Im Mehl bereitest du am gleichen Abend aus Hefe und Wasser einen Vorteig zu. Auch dieser steht über Nacht. Am Morgen wird der Großteil des Einweichwassers (Schnitzwasser) und 1 TL Salz zum Mehl gegeben und daraus ein ziemlich fester Teig geknetet. Jetzt kommen alle grob gehackten Früchte (diese zuvor mit ein wenig Mehl vermengen) ohne zu viel Kneten dazu. Nun wirfst du den Teig hin und her, bis er sich gut von der Schüssel löst. Erneut bestreust du ihn ein wenig mit Mehl und lässt ihn aufgehen. Sobald das Mehl Risse zeigt, kannst du ungefähr 8-10 Hutzelbrote formen. Sie gehen noch einmal auf. Abschließend bestreichst du die Hutzelbrote mit dem übrigen Einweichwasser, das mit etwas Stärkemehl aufgekocht wurde und schmückst sie mit Nüssen. Ein Pfund Hutzelbrot bäckt bei 200° C eine Stunde. Hutzelbrote speisen die »Alten Seelen«.

Schwarze Olivenpaste*

150 g schwarze,
entsteinte Oliven
1 getrocknete entkernte
Chilischote
1 Schuss Zitronensaft
2 abgetrocknete
Sardellenfilets
1 Zweig Rosmarin
1 Zweig Thymian
6 Salbeiblättchen
100 ml Olivenöl
3 Knoblauchzehen
1 EL Kapern
Salz, Pfeffer

Die Kräuter grob hacken. Dann alle Zutaten in den Pürierer geben und gut durchmischen. Dabei das Olivenöl langsam einrieseln lassen. Vertreibt die bösen Geister und lockt die guten an.

MAINZER HANDKÄS' MIT MUSIK

Die Handkäs mit Kümmel, Pfeffer und Salz bestreuen. Nebeneinander in einem verschließbaren Gefäß (am besten Steingut) auslegen oder vorsichtig schichten. Mit den klein geschnittenen Zwiebeln bedecken und mit Öl, Essig und Weißwein begießen. Die Schüssel luftdicht verschließen. Mindestens 24 Std. stehen lassen. Sobald sich der eigenwillige Duft entfaltet, ist der Käse gut. Portionsweise mit Sauce und Zwiebeln servieren. Schmeckt leider nur Eingeweihten. Garantiert jedoch verschwinden alle übelwollenden Geister!

20 Handkäs'
(Harzer Käse)
5 Zwiebeln
$1/2$ Tasse Sonnenblumenöl
$1/4$ Tasse Weißweinessig
$1/2$ Tasse
trockener Weißwein
Kümmel
Salz
Pfeffer

SONNENSCHEIBEN-PFANNKUCHEN

Zum Dank und Abschied an die Sonne, die ja nun für eine Weile der Unterwelt ihre Kraft spendet, buken die Druiden zu Samhain Pfannkuchen – runde, pralle, goldene Scheiben.

Normaler Pfannkuchenteig lässt sich beliebig variieren. Das Grundrezept ist für 20 Pfannkuchen: Mehl, Milch, Salz, Wasser oder Bier mindestens zwei Minuten lang rühren, dann $1/4$ Std. stehen lassen. Eier dazugeben, noch mal rühren.

350 g Mehl
$1/2$ l Milch
$1/2$ l Sprudelwasser oder Bier,
(Hauptsache es sprudelt)
eine Prise Salz
6 Eier

Süße Pfannkuchen lassen sich mit Zucker, Zimt, Äpfeln, Nüssen, Rosinen, einem Päckchen Vanillepuddingpulver erweitern. Die Pfannkuchen können zum Ahnenfest als Spirale oder Labyrinth angeordnet werden. Blütenmuster lassen sich auch wunderbar legen.

SALBEIKÜCHEL

Die ganzen Salbeiblätter in den Pfannkuchenteig rühren und löffelweise ausbacken. Die fertigen Küchel mit Puderzucker bestreuen.

20 Salbeiblätter
Pfannkuchenteig
Puderzucker

HOLUNDER-APFEL-MARMELADE

Holunderbeeren und geschälte kleingeschnittene Äpfel, Walnüsse, Zitronensaft, geriebene Schale und Zucker verrühren und 4 Minuten kochen lassen. Ein Schuss Sherry dazu und in Gläser füllen. Obendrauf noch jeweils ein paar Tropfen Sherry geben. Dann die Gläser verschließen.

600 g Holunderbeeren
400 g saure Äpfel
1 Zitrone
1 kg Gelierzucker
1 Stange Zimt
Walnüsse
1 Schuss Sherry

*Dieses Rezept stammt von den Siefernheimer Kräuterhexen und ist dem liebevollen Rheinhessischen Wildkräuterbuch, Leinpfadverlag 2002 entnommen.

PFLAUMENMUS

3 kg Pflaumen
500 g Zucker
1 Päckchen Vanillezucker
ein Glas Rotwein
eine Stange Zimt
frischer Ingwer
geriebene Zitronenschale

Pflaumen entkernen und halbieren. Mit allen Zutaten 24 Std. in einem großen Topf zugedeckt stehen lassen. Dann auf kleinster Flamme ohne umzurühren (!) mindestens drei Stunden köcheln lassen. In Gläser füllen, einige Tropfen braunen Rum drauf geben und verschließen.

QUITTENBROT

2 kg Quitten
1 l Rotwein
1,5 kg Honig
1/2 TL Zimt
1/2 TL Ingwer

Die Quitten schälen, Kerngehäuse entfernen und in Stücke schneiden. Dann diese mit Rotwein bedeckt langsam zum Kochen bringen und ungefähr 20 Min. weich kochen. Aus dem Wein nehmen und abtropfen lassen, dann passieren bzw. pürieren. Je 300 g Honig auf 500 g Quittenpüree unterrühren und auf sehr kleiner Flamme simmern, bis sich eine durchsichtige Paste bildet. Einen Tropfen der Mischung zur Probe auf einen Teller geben: Wenn er schnell geliert, Zimt und Ingwer in die Paste rühren und alles auf ein mit Backpapier ausgelegtes Blech gießen, als etwa 15 mm dicke Lage. Einige Tage trocknen lassen. In Rauten, Quadrate oder Dreiecke schneiden und auf frische Lorbeerblätter (oder Pappel-, Eichen-, Rotbuchenblätter) legen zum Servieren.

SCHWARZE EINÄUGIGE GÖTTINNENSPEISE

10 Eier
4 EL Zucker
4 EL Cognac
200 g halbbittere Schokolade
6 EL starker Kaffee
270 g Butter
1 Tasse Schlagsahne

Die Eier werden getrennt, die Eigelbe mit dem Zucker 3 Min. sehr schaumig geschlagen. Jetzt den Cognac vorsichtig dazugeben. Die Schüssel ins heiße Wasserbad stellen und die Eigelbe 3 Min. weiterschlagen, bis sie warm sind. Dann die Schüssel in Eiswasser abkühlen, dabei die Eigelbe weiterschlagen, bis die Creme dick und sahnig wird. Schokolade in Kaffee schmelzen. Butter in Flöckchen unter die Schokolade schlagen. Eiweiße sehr steif schlagen. Schokoladencreme unter Eigelb rühren, Eischnee vorsichtig unterheben. Fertige Schokoladencreme in Schüssel füllen und erstarren lassen. Mit einem großen Auge aus Schlagsahne verzieren.

WALNUSSTORTE MIT RUMSAUCE

Alle Zutaten zu einem Mürbeteig verkneten. Den Teig teilen. Beide Hälften zu 2 Böden etwas größer als eine Springform ausrollen. Den Boden der Form mit der einen Teigscheibe auslegen und den Rand dabei ungefähr 2 cm hochziehen. Die andere Scheibe in schmale Streifen schneiden. Den Boden mit der Gabel mehrmals einstechen und 10-15 Minuten bei 180° C anbacken. Mit Backpapier und Erbsen beschweren.

In einer Pfanne die 2 EL Butter schmelzen. Die Nüsse darin leicht anbraten und den Zucker/Ahornsirup dazugeben. Solange erhitzen, bis er leicht (!) karamellisiert. Dann die Sahne dazugeben und die Mischung ganz kurz aufkochen, bis die Sahne leicht andickt. Das Sahne-Nussgemisch in die Form gießen und die Teigstreifen sternförmig dicht darauf anordnen. Gut am Rand festdrücken. Dann mit dem verrührten Eigelb bestreichen. 25 Minuten bei 180° C weiterbacken.

Die Eier mit dem Zucker schlagen. Den Saft der Zitrone und die übrigen Zutaten dazugeben. Jetzt wird das Gemisch unter ständigem Schlagen im Wasserbad erhitzt. Kurz vor dem Aufkochen den Topf beiseite stellen und weiter schlagen, bis die Masse nur noch lauwarm ist. Im Kühlschrank erkalten lassen. Kurz vor dem Servieren wird der Rum oder Arrak eingerührt. Die Sauce passt gut neben ein Stück Walnusstorte.

TEIG
200 g Mehl
120 g Butter
70 g Zucker
1 Eigelb
1 EL Milch
1 Prise Salz

WALNUSSFÜLLUNG
200 g sehr grob gehackte Walnüsse
150 g Zucker oder Ahornsirup
2 EL Butter
1 Becher Sahne
1 Eigelb

RUMSAUCE
1/4 l Milch oder Weißwein
1/2 Zitrone
6 EL Zucker
2 Eigelb
5 g Speisestärke
2-3 EL Rum oder Arrak

Waldelfentipp

Eigelb lässt sich besser verstreichen, wenn man einige Tropfen Wasser oder Milch dazugibt. Walnüsse schmecken besonders gut mit Ahornsirup

Weitere Informationen zum Jahreskreis unter www.
ulla-janascheck.de